石油・武器・麻薬
中東紛争の正体

宮田 律

講談社現代新書
2326

はじめに

二〇一五年一〇月、ヨルダン川西岸を訪問する機会があった。エルサレム旧市街を歩くと、ダマスカス門の前にはゴム弾銃などをもったイスラエル兵がいて、ものものしい。筆者が訪れた前週、前々週とパレスチナ人の二人の青年がこの門の前でイスラエル兵に銃殺されたためだろう。

ムスリム地区を歩くと、閉じられたままの商店がまた増えたことに気づいた。

エルサレムにあるイスラムの聖地「ハラム・アッシャリーフ」内部でも、軍兵士や警官が警備を行っていたが、重武装した彼らを見ると、政治的に静かにならざるをえないパレスチナ人たちの日々の息苦しさ、怒り、切ない想いなどがあらためて感じられた――。

イスラム・ユーラシアの地殻変動

二〇一五年一一月、フランス・パリで発生した同時テロに象徴されるように、いま、ユーラシアを基点に広がるイスラム世界は、重大な〝地殻変動〟の中にある。

二〇一四年六月、武装集団の自称「イスラム国」（ＩＳ＝Islamic State）がイラク北部のモスルを制圧すると、これに危機感を覚えた米国は、イラクでは欧米諸国を中心とする有志連合で、シリアではアラブ諸国の軍隊と連携して、ＩＳへの空爆を行うようになった。

イラクもシリアもイスラム世界の中心に位置し、かつてはアッバース朝（七五〇〜一二五八年、首都バグダッド）やウマイヤ朝（六六一〜七五〇年、首都ダマスカス）というイスラム帝国の繁栄を享受したところである。

イスラムの預言者ムハンマドが生まれたアラビア半島は、現在、世界の重要な産油地帯であり、日本も原油輸入の八〇パーセント以上をこの地域に依存している。だからこそ、中東各国の政治の動きや、諸外国によるそれへの関与は、日本にも重要な影響をおよぼすことになる。

戦後日本の安全保障をめぐる議論が、この地域の事態に関連して多く語られたことは、一九九一年の湾岸戦争での掃海艇派遣や、二〇〇一年から一〇年まで継続した海上自衛隊の補給活動などのケースを見ても明らかだろう。安倍晋三政権による「集団的自衛権」の提唱も、日本が原油を購入するペルシア湾での機雷掃海や、日本のタンカーの海路《シーレーン》の防衛などが主要な議論の対象となっていた。

米国は二〇〇三年のイラク戦争を経て、二〇一一年にイラクから撤退し、イスラム世界

における その政治的影響力を低下させつつある。また米国内でもシェールエネルギーの開発により、ペルシア湾岸地域で産出される石油の重要性は低下したといえる。

だが、米国にとってペルシア湾岸アラブ諸国は、いまもなお、武器市場として欠かせない存在であることを忘れてはならない。

たとえばサウジアラビアは二〇一四年、世界最大の武器輸入国となった。二〇一五年三月に始まった同国による隣国イエメンへの軍事介入は、アラブの有志連合によって、イエメンの武装集団「フーシ派」やサレハ元大統領派の「殲滅《せんめつ》」を目指すものだが、これらの勢力はサウジアラビアに対してミサイルやロケットで反撃するようになっている。日本の最大の石油輸入国であるサウジアラビアに万が一の事態が起きれば、日本経済は深刻な影響を受けるだろう。

もともと、天然真珠の採取とその売益、および農業や漁業が主要産業で、のちに豊富な石油資源を背景に成長を遂げたアラブ首長国連邦（ＵＡＥ）は、武器輸入額で世界第四位。フランスがＵＡＥのアブダビに海軍基地を設け、ルーブル美術館の分館を進出させるのも、武器市場としてのＵＡＥに魅力があるためだ。

また、二〇一〇年一二月からの民主化要求運動「アラブの春」以降、大きく動揺するシリアのアサド政権への支援をロシアがいっこうに放棄しないのは、ロシアにとってシリアが重要な武器市場だからだ。核エネルギー開発をめぐって経済制裁を受けるイランに対しても、ロシアは原発建設の支援を行っている。

したたかな中国は、欧米や日本などがイランと円滑な経済関係を結べない間隙を突いてイランとの交流を継続し、経済成長を支えるためのエネルギー資源のいっそうの確保を目指している。

石油争奪戦

米国は、アフガニスタンから二〇一六年に完全撤退すると公約していたが（二〇一五年一〇月に撤回）、その公約表明と前後して、周辺地域には中国の進出が目立つようになった。中国は、「新シルクロード（一帯一路）」の経済帯構想を掲げて交通網やパイプライン・ネットワークを発達・整備させ、中央アジアや中東のエネルギー獲得に積極的に乗り出している。特にパキスタンとは、ペルシア湾に近いグワダルの港と新疆ウイグル自治区を結ぶパイプラインを建設するなど、湾岸資源の輸入に強い意欲を示し、シーレーンには頼らないエネルギー輸送路の構築を意図している。こうした中国の動きは、ユーラシアでの米国の影響力の後退を背景に、国際社会における政治的発言力、経済力の向上を目指すものだ。

このように、イスラム世界を中心とするユーラシアのチェス・ボードは、軍事やエネルギーをめぐって、複雑かつ新たな交錯を見せるようになった。

長年中国と対立関係にあったインドも、中国やロシア、さらに中央アジア諸国を主体とする地域の経済・安全保障機構である上海協力機構（ＳＣＯ）に強い関心を抱く。インドがＳＣＯの正式メンバー国入りを目指すのは、「中央アジアの資源を確保したい」という思惑があるからだ。古代以来、中央アジア諸国と交易や人的交流を行ってきたという歴史的経緯もある。インドと中央アジア諸国との貿易高は年間五億ドル程度[注1]（約六〇〇億円）だが、インドは中央アジアと陸での交通路を築き、中央アジア諸国から資源を購入するとともに、中央アジアをインド製品の市場にしたいという野望を抱いている。

中国は前述の「新シルクロード」構想に関連して、中央アジア諸国とともに「東トルキスタン（新疆ウイグル自治区）」での「三つの勢力」（テロ、分離、過激勢力）を取り締まり、安全と安定を守らなければならないとする一方、資源、電力、交通、さらには学術文化交流において、中央アジア諸国との関係強化を目指している。二〇一三年には、トルクメニスタンのガルキニシュ・ガス田からのガス輸入を開始。過去数十年間で「世界最大の油田発

注1　India's 'Connect Central Asia Policy' The Diplomat December 13, 2013

見」とされるカザフスタンのカシャガン油田にも出資している。中国政府によれば、中央アジアとの貿易量は二〇一二年に四六〇億ドル（五兆五二〇〇億円）を超え、中央アジア諸国が独立した一九九〇年代初頭と比較すると一〇〇倍にも膨らんだという。

こうしたインドや中国の積極的な動きに対し、ロシアは、中央アジア諸国がイスラム過激派勢力の浸透などによって不安定化することへの懸念を強めている。世界の麻薬市場を席巻しているアフガニスタンの治安が悪化すれば、同国からの麻薬がロシア社会に大量流入し、犯罪ネットワークの活発な活動を惹起《じやつき》するなど、重大な社会問題に発展することも考えられるからだ。

イスラム武装集団の活動が見られるウズベキスタンでは、燃料不足や食糧価格の高騰が顕著になり、生活上の不満から、「アラブの春」のような政治変動が起こる可能性が否定できない。同国をはじめとする中央アジアはロシアの「やわらかい下腹部」ともいえ、その不安定さがロシアの将来にも影を落としている。中央アジア諸国との安全保障協力を軸に、この地域での軍事、経済での影響力回復をもくろむプーチン政権は、周辺国との「集団安全保障条約機構（ＣＳＴＯ）」を強化し、旧ソ連諸国の経済統合構想をも推進したい意向である。

さらなる貧困を呼ぶもの

二〇一四年一二月、ノルウェーのオスロで開催されたノーベル平和賞授賞式で、一七歳という史上最年少の若さで受賞したマララ・ユースフザイは、「子供たちに本が与えられれば、世界が、未来が変わる」と訴えた。

マララの出身地であるパキスタンでは教育が行き届かず、およそ四〇パーセントの子供たちが就学していない。とくに地方では女性を家庭に閉じ込めておく傾向が強く、女子の識字率は三六パーセント。インドの四八パーセントと比較してもかなり低い。この識字率の低さは、女子教育の重要性を説いたマララを襲撃したTTP（パキスタン・タリバン運動）の暴力だけの問題ではなく、政府の取り組みが消極的なことにも起因する。

マララが強調するように、中東イスラム世界では二〇〇〇年代以降、イラク戦争や「アラブの春」によって紛争が絶えない状態に陥り、教育の欠如など、子供たちをはじめとする多くの人々の人権が脅かされるようになった。

ユニセフによれば、シリアの内戦によって二八〇万人の子供たちが教育を受けられなくなった（二〇一四年末時点）。教育の欠如はさらなる貧困を呼び、将来の社会的不安定をもたらし、再建への見込みや期待も薄くさせる。逆に言えば、子供たちから教育機会を奪うことは、暴力的集団にさらなるパワーを与えることにもなる。それは、十分な教育を受けることがなかったアフガニスタン難民の子弟がムジャヒディン（「イスラムの聖なる戦士」の意味）やタリバンのメンバーとなり、現在でもアフガニスタンやパキスタンの部族地域で紛争が止まないことを見ても明らかだろう。

シリアやイラク、レバノン、パレスチナ、アフガニスタンなど中東地域の政治的混乱は、周辺地域、さらには欧米など国際社会の安全保障にも影響を与える。地理的に近いヨーロッパへの難民の流出をもたらし、欧州社会に負担を強いてきた。教育機会がなかったムスリム難民たちは社会の底辺を形成し、彼らの中にはシリアやイラクのＩＳなどの武装集団に参加する者たちもいる。

紛争によって発生した難民の子供たちに教育を与えることが、暴力の抑制につながることは揺るぎなく、中東イスラム諸国、欧米、また日本など国際社会が真摯に取り組まなければならない課題ともいえる。

武器輸出国の思惑

二〇一四年に始まる原油安は、石油やガスといったモノカルチャー経済に頼ってきた中東産油国やロシアなどの景気を減速させた。その一方で、二〇一四年のロシアによるウクライナ・クリミア半島の併合と、ウクライナ東部への軍事介入は、欧米諸国との軋轢《あつれき》を招き、ロシアへの経済制裁発動につながった。シリア問題でもロシアは、アサド政権の打倒を考える欧米諸国と対立している。

そうした中、ロシアは二〇一五年九月末、ＩＳ掃討を掲げながらシリアの反体制派に攻撃を加えるという、アサド政権を「支援」する空爆を開始した。背景には、「中東に親ロシアの政府を残しておきたい」という地政学的な理由や、ロシアの軍部と軍需産業が一体となった「軍産複合体」の思惑がある。[注2]なにしろ、この四〇年間、親子二代で続くアサド政権は、ロシアにとって、多くの武器を購入してくれる「上客」なのだ。

アサド政権は旧ソ連時代からミグ戦闘機を購入し、また攻撃用ヘリやハイテク防空システムもロシアから移転している。二〇一一年に「アラブの春」が起こり、アサド政権が動揺していく直前、ロシアからシリアへの武器輸出額は二一億ドル（二五二〇億円／二〇〇七年）から、四七億ドル（五六四〇億円／二〇一〇年）に増加していた（米議会調査局）。二〇一五年八月には、ミグ31フォックスハウンド六機をロシアから購入するなど、シリアにとってロシアは最大の武器供給国なのである。

注2　ロシアは、欧米による経済制裁にもかかわらず、ストックホルム国際平和研究所（ＳＩＰＲＩ）によれば、二〇一四年には米国に次ぐ武器輸出国で、一五五億ドルの利益を上げた。また、ロシアがアサド政権への支持を容易に放棄できない理由としては、地中海に面したシリアの港湾都市タルトゥースに設置したロシア海軍基地の存在も見逃せない。

ロシアにおいて兵器関連産業は裾野が広く、二〇〇万人以上が雇用されていると見積られている。二〇一一年には、ロシア政府は軍備の近代化をはかるべく、二〇一一〜二〇年までの間に総額一九兆ルーブル（当時、約五三兆四〇〇〇億円）を投じることを発表した。アサド政権の崩壊は、ロシア経済にとって大きな打撃となりかねないだけに、「必死」なのである。

以上のように、中東をめぐる情勢は、一見、複雑きわまりないように思えるが、そのような印象を与えているのは、「イスラム」という日本人にはあまり馴染みのない宗教や、そこから枝分かれする「シーア派」などさまざまな宗派の名称などによるのかもしれない。

しかし、中東の石油利権をめぐって欧米諸国が争奪戦を繰り広げ、武器・弾薬の大量消費によって米国などの軍需産業が大儲けしたイラク戦争がそうであったように、現在の中東の紛争の背景にあるのは、「石油」と「武器」という巨額の利益をもたらす経済的ファクターであると言っても過言ではない。また、アフガニスタンのアヘンをもとに製造・流通するヘロインなどの「麻薬」がもたらす莫大なカネは、武装集団の重要な資金源と化している点も見逃せない。

そこで本書は、そうした経済的観点からイスラム世界をめぐる国際政治の力学の変化を明らかにすることを目的とする。エネルギーをめぐる国際間の競合、産油国への武器売却をめぐる欧米の思惑、また大量に買いつけた兵器がいかにイスラム世界の紛争を深刻にさせているかなどを紹介する。地球規模の格差、貧困による人の移動が現在の国際社会の安定にどれだけ重大な問題を起こしているかについても触れている。

ちなみに筆者が中東から帰国後の二〇一五年一一月初旬、イスラエル政府は、二〇一七年に期限切れとなる米国からの軍事支援について、新たに一〇年間にわたって毎年五〇億ドル（六〇〇〇億円）要求することを明らかにした。現在のところ支援は年三〇億ドルなので、大幅に要求を増額させたことになる。

もっとも、イスラエルへの軍事支援によって潤うのは、米国の軍需産業ばかり。新たな軍事支援の中には、F35戦闘機のほかにF15ステルス戦闘機、V22オスプレイ、空中給油機、対弾道ミサイル用のアロー3ミサイルなどの供与が含まれるという。

筆者がエルサレムなどヨルダン川西岸を訪れた時に感じたパレスチナ人の「沈黙」は、米国の軍需産業の「意向」が一つの重要な背景となっているのだ。

二〇一五年一一月一三日、パリの六ヵ所で同時テロが起き、一三〇人余りが犠牲になった。オランド大統領が一五年九月にシリア空爆を開始したのは、ISがフランスをテロの標的として考えるようになったからだと伝えられている。ISは、空爆を行うフランスへの「報復」を意図するとともに、〇四年三月にマドリード列車同時テロ事件で一九一人が死亡したのを受けてスペイン軍がイラクから撤退したことを、フランスに対しても再現したかったのかもしれない。

石油や武器などを切り口に、パリ同時テロにも通じる中東紛争の「いま」を分析・解説した本書の内容が、読者の方々にとって、変容するイスラム世界に日本がどのように対応していくべきかを考える好機になれば幸いである。

目　次

アスタナ
カザフスタン
カスピ海
ウズベキスタン
ビシュケク
キルギス
タシケント
トルクメニスタン
ドゥシャンベ
中国
アシガバット
タジキスタン
テヘラン
カブール
イラン
アフガニスタン
イスラマバード
クウェート
バスラ
クウェート
パキスタン
デリー
ホルムズ海峡
バーレーン
マナーマ
グアダル
カラチ
ドーハ
カタール
リヤド
アブダビ
アラブ首長国連邦
インド
マスカット
オマーン
イエメン
アラビア海
アデン湾
バブ・エル・マンデブ海峡
ソマリア

中東周辺地図

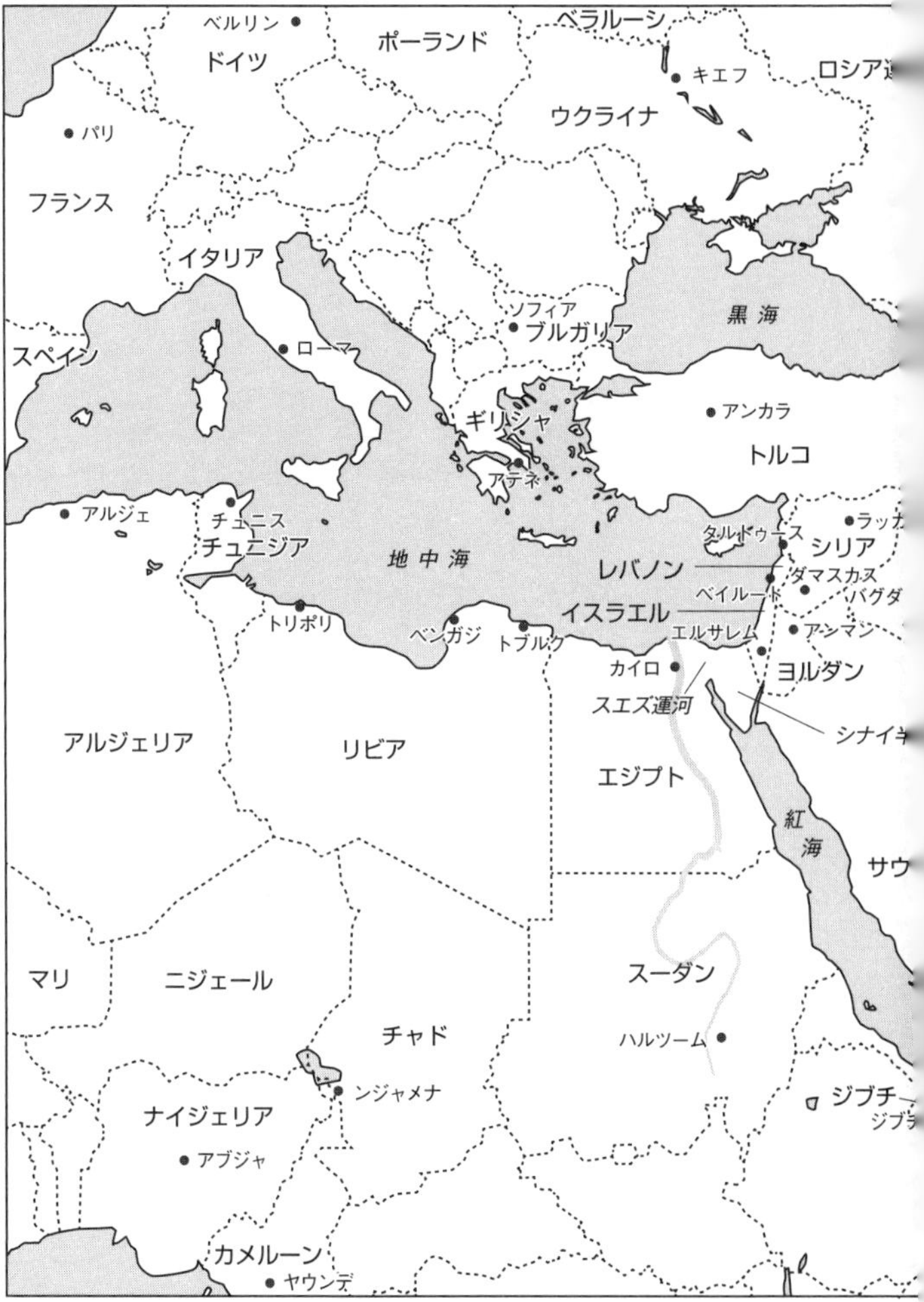

ベルリン
ドイツ
ポーランド
ベラルーシ
キエフ
ロシア
ウクライナ
パリ
フランス
イタリア
ソフィア
ブルガリア
黒海
スペイン
ローマ
ギリシャ
アンカラ
トルコ
アテネ
アルジェ
チュニス
チュニジア
地中海
ニコシア
シリア
レバノン
ダマスカス
ベイルート
イスラエル
アンマン
エルサレム
トリポリ
ベンガジ
トブルク
カイロ
ヨルダン
スエズ運河
アルジェリア
リビア
エジプト
紅海
マリ
ニジェール
スーダン
チャド
ハルツーム
ンジャメナ
ナイジェリア
アブジャ
カメルーン
ヤウンデ

第一章　紛争の陰で暗躍する軍産複合体

世界一の武器輸入国・サウジアラビアのサルマン国王と世界一の武器輸出国・米国のオバマ大統領（代表撮影／UPI／アフロ）

「イスラム国」(IS)など「イスラム過激派」に資金を提供するのはどういう人々なのか——。そんな議論がしばしばなされる。筆者がパキスタンやアフガニスタンのタリバンやアルカイダなどの現地調査を通じて聞いたのは、ペルシア湾岸アラブ諸国に住む富裕層の「篤志家」たちによる献金、という見解だった。彼らは、欧米によるイスラム世界への軍事介入やイスラエルへの支援に反発している。つまり、イスラム世界内部の「カネ」の流れが、この地域における紛争をより悲惨なものにしているのだ。

そしてその「カネ」が石油によってもたらされたものであることは、いうまでもない。本章ではまず、長きにわたって「世界最大の石油生産量」を誇り、「世界最大の武器輸入国」でもあるサウジアラビアの現状から、「世界でいま起きていること」の背景を読み解いていきたい。

サウジアラビア王政に対する憤懣

英石油大手BP(旧ブリティッシュ・ペトロリアム)が公表した二〇一四年のデータによると、全世界の原油生産量(一日あたり)は八八六七万三〇〇〇バレルだった。このうち、シエール石油の生産拡大により米国(一一六四万四〇〇〇バレル)が三九年ぶりにトップに立ったが、一九九〇年代から一時期を除いて首位に君臨し続けてきたのは、サウジアラビア（一一五〇万五〇〇〇バレル）にほかならない。

広大な砂漠に国民が遊牧民として暮らしていた同国は、もともと国家財政を聖地巡礼者からの収益に頼っていたが、石油収入が急増した一九七〇年代以降、経済状況は大きく変貌した。


サウジアラビアは厳格な「ワッハーブ派」という、イスラムのスンニ派に属する宗派を国教としている。詳細については次項でも触れるが、「預言者ムハンマドの頃のイスラムに回帰せよ」というのがその教えで、他のスンニ派については寛容な姿勢を示す一方、シーア派を極度に異端視する。しかし、そうした厳格なイスラムを奉ずることは、その「清廉」な基準がブーメランのように自らにも向いてくることになる。

たとえば一九七九年一一月、「不敬虔《ふけいけん》」なサウジアラビア王政の打倒を唱える武装グループによってメッカの大モスクが占拠されたことがある。これは、王政の奢侈《しやし》、武器購入などにまつわる腐敗、また国民の間の経済格差などに起因する。それらが本来、イスラムが唱える至純な傾向とは無縁なものであるはずだったからだ。

サウジアラビアが一九八〇年代、アフガニスタンに侵攻したソ連軍と戦うムジャヒディンに資金や武器、さらには人員を送る措置をとったのは、「イスラムの大義」に訴えたものだった。そこには、王政に対する国内外からの批判をかわしたい意図があったに違いない。

だが、皮肉にもそうした政府の厳格な姿勢が、このときアフガニスタンで戦ったサウジアラビア人のオサマ・ビンラディンなどによる過激派組織「アルカイダ」の誕生へとつながった。そしていま、サウジアラビアの権威主義体制、人権抑圧、富の不公平な分配、政治参加が限定されている点などは、同国の若者たちがイスラム過激派の主張に惹かれる背景となっている。

また、一九九〇年のイラク・フセイン政権によるクウェート侵攻後、米国のサウジアラビア国土への駐留、王政と親密な米国のイスラエルに対する支持、米国主導のイラクへの経済制裁、さらに対テロ戦争開始後に見られたような米国と王政の協力関係は、サウジアラビアの多くの国民に王政に対する憤懣《ふんまん》をもたらしている。

そもそもサウジアラビアでは、一九三二年に王国が成立後、王政に対する不満が公然と語られることはほとんどなかった。それが露見したのは、先述の一九七九年一一月、ジュハイマン・アル・ウタイビーのグループがメッカの大モスクを占拠し、王政の打倒を呼びかけた時がはじめてで、この事件によって同国の抱える矛盾が世界に知れわたるようになった。

一九八〇年代に入ると、サウジアラビアで行われた復古的な神学教育が「イスラム原理主義的」な考えをもつ若者たちを育成し、過激な潮流を生んでいった。前記のアフガニスタンでソ連軍と戦った義勇兵たちが本国に帰国し、「聖戦」の正当性を強く訴えたことも、社会の不安定要因となった。サウジアラビアからアフガニスタンに赴いたのはおよそ一万二〇〇〇人、その中で実際に戦闘に加わったのは五〇〇〇人と推定され、それは「聖戦《ジハード》思想」の広まりを示すのに十分な規模といえよう。

ワッハーブ派とシーア派

なぜ厳格なワッハーブ派が、サウジアラビアの国教なのか。

それは、一七四四年にサウジアラビアの王家と、ワッハーブ派が同盟したからで、以来、ワッハーブ派は同国の宗教界に対する支配を独占し、聖職者たちは王政の政策を正当化する教令を発してきた。

一八世紀、ワッハーブ派の創始者であるムハンマド・イブン・アブドゥルワッハーブは、コーランを字義どおりに解釈することによって、急進的な宗派をつくりあげた。彼は、「自分こそがイスラムが待ち望んだ改革者である」と確信する傍ら、現世はイスラムで禁止する偶像崇拝や異端者に満ちていると考え、イスラムの根本に立ち返ることを訴えた。

一方でサウジアラビア社会は、さまざまな異質な文化が混じり合っていて、ワッハーブ派以外のスンニ派は国家、社会の改革を訴えている。東部には社会的差別を受けるシーア派が居住し、西部のヒジャーズ地方ではスーフィズム（イスラム神秘主義）が優勢である。そこへ、反体制的なサラフィー主義の活動もあり（「サラフ」とは預言者ムハンマドから数えて第三代までの世代のことを指す。サラフィー主義とはこの時代のイスラムの至純な傾向に回帰する思想潮流や活動のこと）、彼らは王政の公式な聖職者たちが王族に経済的に依存する生活を送っていることをしきりに批判する。

そんな混沌《こんとん》とした状況の中、とりわけサウジアラビアの重大な不安定要因となっているのが、東部に集中して居住するシーア派の問題だ。サウジアラビアの人口はおよそ二九〇〇万人で、このうちざっと八〇〇万人を外国人労働者が占めているが、シーア派の人口は全人口のわずか八パーセント（二四〇万人ほど）に過ぎない。

二〇一五年五月、シーア派住民が多い東部カティーフ郊外のアリー・ビン・アビー・ターリブ・モスクで自爆テロがあり、二一人が死亡した。その際、ISは犯行声明を出した[注3]が、このテロはサウジアラビア国内、特に東部のスンニ派とシーア派の対立をより激化させるものだ。もともとシーア派住民たちは、スンニ派の宗派であるワッハーブ派を奉ずる王政がシーア派を冷遇しているという不満を抱いており、シーア派の中で「サウジアラビアの警察はシーア派住民の安全を守っていない」という不満を巻き起こすことを狙ったとされる。

ちなみに、サウジアラビアはシリアのＩＳへの空爆に参加しているが、これに対しＩＳはサウジアラビアの王族や首都リヤドではなく、シーア派のモスクを標的にしている。これもまた、サウジアラビア社会の内部対立が投影されたものだ。

シーア派を異端視するワッハーブ派の部族は、一八〇三年にイラク・カルバラーのシーア派の聖地（イマーム・フサイン廟）を襲撃したこともある。ワッハーブ派は聖者、聖廟、肖像画などを極度に嫌い、神と人間の間に介在するものを認めないが、シーア派には聖者や聖廟を重んずる傾向がある。一九一三年にワッハーブ派を奉ずるサウード族がアラビア半島東部を統治すると、シーア派を弾圧していった。

そして、時代は下って二〇一一年、「アラブの春」の潮流に乗るかのように、シーア派の若者たちが王政への抗議活動を行うと、王政はデモを警察力で封じ、およそ五〇〇人を

注3　カティーフはシーア派住民たちが居住する主要な都市で、サウジアラビア王政は、二〇〇五年にここのシーア派住民に対し、シーア派の聖人を悼む宗教行事を行うことを認めるなど、シーア派に配慮する融和政策も行っている。

拘束。シーア派の高位聖職者のニムル・バーキル・アル・ニムルを逮捕し、二〇一四年一〇月に死刑判決を下すなど、過酷な措置をとっている。

ワッハーブ派によるシーア派社会への抑圧や差別と、それらに対するシーア派の反発は、サウジアラビアの不安定要因としてくすぶり続けている。

人権問題と失業問題

国王が閣僚会議を主宰し、王族が重要ポストを占めるサウジアラビアでは、アブドラ国王（アブドゥッラー・ビン・アブドゥルアズィーズ）が二〇一五年一月に他界すると、初代国王のアブドゥルアズィーズ・イブン・サウードの第二五男であるサルマン国王が即位した。サルマン国王は甥のムハンマド・ビン・ナイーフを皇太子に即位させており、これら一連の動きは王室の世代交代を印象づけるものでもあった。

しかし、世代が変わっても、王政の人権抑圧には当面変化がなさそうな様子である。[注4]

ナイーフ皇太子は五五歳（即位時）だが、二〇一二年から内務大臣の地位にあり、対テロ対策を担ってきた人物だ。彼の父親であるナイーフ・ビン・アブドゥルアズィーズは三六年にわたり同国の内相を務めた人物で、政府批判を行う人々に対しては容赦ない弾圧的措置をとってきた。

息子のナイーフが内相に就任すると、活動家たちは人権抑圧が緩むことに期待を寄せたが、その願いはかなわず、それどころか弾圧はさらに強まっていった。二〇一二年以降、穏健な政府批判すら容赦することなく、少しでも政府を批判したり、改革を呼びかけたりする者たちに対しては、脅迫、拘束、拘留などの措置を繰り返した。国内の人権団体は解体され、メディアで王政を批判した人権擁護活動家のアブー・アル・ハイルは、一五年にもおよぶ禁固刑の判決を受けた。同じく人権擁護活動家のファドヒール・マナスィーフも、サウジアラビア東部の抗議活動を先導したとして、一四年の禁固刑を受けている。

こうした弾圧政治だけでなく、国民の間の経済格差、国民の福利とは関係のない兵器の大量の購入、そして米国との親密な関係など、サウジアラビアの現状はイランの王政末期と酷似している印象だ。一九七九年の革命で倒れたイランの王政のように国民から激しく反発される可能性があり、弾圧政治は今後、サウジアラビア王政の重大な「アキレス腱」となるだろう。

それを危惧してか、サウジアラビアでは王政への不満をやわらげるべく、若者を中心とする雇用機会の増加を目指している。

注4　かねて初代国王の子供の世代が政治を支配してきたサウジアラビアでは、王位継承をめぐって王族間の争いが生じるのではないかと思われていた。

とくに「アラブの春」に共通して見られた若者たちの失業などへの不満改善を図り、工業部門での産業育成によって雇用の拡大を目指し、民間部門で多数を占めてきた外国人労働者の削減も図るようになった。[注5]

しかし、かねて労働力を外国人労働者に依存してきたサウジアラビアでは、企業活動の効率性低下というマイナス効果も出ており、若者の経済的不満を解消するためには自国民の労働力の質を高めるなどの教育や訓練が欠かせず、長期にわたる視点や努力も必要だ。

サラフィー主義の皮肉

サウジアラビアの周辺には、シリア内戦、バーレーンやイエメンの政情不安、チュニジアにおけるベン・アリー独裁政権の倒壊に伴う民主化プロセスの進展、[注6]シリアやイラクでのISの台頭など、王政の安定を揺るがしかねない情勢が溢れている。また、イランの核協議の進捗状況や、イラクのIS対策で協調するシーア派のイランと米国の接近も、不都合な要素としてあげられる。

これらさまざまな既存の秩序への「脅威」に対応するために、サウジアラビアはバーレーンなど民主化要求によって王政が動揺しそうな国に対して、治安維持などの目的で多額の資金を提供した。その一環なのか、二〇一四年二月にはサウジアラビア王室のアブドゥル・ラフマーン・アル・ファイサル王子がＩＳに対して資金を提供したことが報じられる[注7]など、王政がシリアやイラクの反政府勢力に対して資金援助をしている可能性は高いという。同国の政治指導者たちはワッハーブ派が中東の保守的な秩序を守り、安全保障に役立つと考えているが、皮肉なことに、そのワッハーブ派から生まれた厳格なイスラムに回帰する「サラフィー主義」が、エジプト、リビアなどでも既存の秩序に挑戦するイデオロギーとなっているのだ。

たとえばサウジアラビアは、シリアの反政府武装組織「自由シリア軍」（ＦＳＡ）から分離した「イスラム戦線」を支援している。「イスラム戦線」は欧米的な民主主義を拒絶し、イスラム法によって統治される国家の建設を目指し、米国など欧米諸国が考えるシリアでの「民主主義」の確立という構想に挑戦するなど、まさに「サラフィー主義」に訴える組織である。ところが、「サラフィー主義」の組織はサウジアラビアが制御できない運動となって、その安全を脅かすようになっている。

そしてイラクとサウジアラビア国境の近くで活動する厳格なＩＳもまた、サウジアラビ

注5　外国人を多く雇用している企業には、労働ビザの取得を認めないなどの措置をとった。
注6　王政を敷くサウジアラビアは民主主義的な性格をほとんどもち合わせていないため。
注7　http://en.alalam.ir/news/1563016

アに牙を剝くようになっている。二〇一五年一月には国境地帯の警備を行っていたサウジアラビア軍のアル・ベラウィ将軍がISによって殺害された。

他方で、ISがイラクで軍事的に弱体化するか、殲滅させられた場合、サウジアラビアがまったく好まないシーア派やクルド人の政治力が高まるというジレンマも抱えている。要するにISは、サウジアラビアにとってまさに「両刃《もろは》の剣」のような存在なのである。

さらにサウジアラビアは、隣国イエメンにおいて、シーア派のザイド派の影響力を弱めることをずっと意図してきたが、ザイド派のフーシ派が二〇一五年一月、首都サヌアを掌握し、翌二月に暫定政権を樹立した。サウジアラビアはフーシ派の背後にイランがいると訴え続けているが、いずれにせよ、同国の内外には、紛争の火種が数多く存在しているといえる。

世界最大の武器輸入国と武器輸出国

軍事と軍需産業情報に関する週刊誌「IHSジェーンズ・ディフェンス・ウィークリー」によれば、サウジアラビアが二〇一四年にインドを抜いて世界第一位の武器輸入国[注8]となっている。第四位のアラブ首長国連邦（UAE）と合わせれば計八六億ドル（一兆三二〇億円）にも上り、この額は西ヨーロッパ全体の輸入額を凌ぐ。両国がいかに軍事的に肥大化しているかがわかるといえよう。

これに対し、米国は依然として世界最大の武器輸出国で、二〇一四年の輸出総額は二三七億ドル[注9]（二兆八四四〇億円）。SIPRI（ストックホルム国際平和研究所）のデータによれば、米国製の兵器は世界の武器市場の三一パーセントを占めているが、そのうちの三二パーセントを中東が購入している。いわば、二〇一四年の軍事費が世界三位[注10]のサウジアラビア（八〇八億ドル〈九兆六九六〇億円〉）など湾岸諸国は、米国の軍需産業にとって重要な「顧客」であるため、米国は中東の政情に重大な関心を寄せざるをえない。

そうした中、サウジアラビアの軍拡の「障害」になっているのは、同国の人権問題を批判するヨーロッパ諸国の動静だ。

二〇一五年二月、スウェーデンの女性政治家であり、人権の尊重を主張し続けてきたマルゴット・ヴァルストローム外相は、サウジアラビアの人権侵害や女性の地位の低さを批判した。これに対しサウジアラビアは三月九日、三月下旬にカイロで開催される予定だっ

注8　六五億ドル（七八〇〇億円）に相当する武器を購入した（前年比で五四パーセントの増額）。
注9　二位のロシア（一〇〇億ドル〈一兆二〇〇〇億円〉）を大きく引き離している。
注10　国際戦略研究所（IISS）「ミリタリー・バランス2015」。ちなみに、一位は米国（五八一〇億ドル〈六九兆七二〇〇億円〉）、二位は中国（一二九四億ドル〈一五兆五二八〇億円〉）、日本は第七位（一四七億ドル〈一兆七六四〇億円〉）であった。

たアラブ連盟サミットでのヴァルストローム外相の演説[注11]を妨害してキャンセルさせると、スウェーデン政府は反発。翌一〇日、サウジアラビアへの武器輸出[注12]の停止を明らかにすると、一一日、今度はサウジアラビアがスウェーデン駐在の大使を本国に召還するという、激しい応酬を繰り広げ、両国の関係は一気に冷え込んだ。ドイツもサウジアラビアの人権状況を問題視し、ドイツ製戦車「レオパルト2」のサウジアラビアへの輸出を停止する措置をとった。

ヨーロッパ諸国のサウジアラビアに対する印象を悪くさせたのは、同国のブロガーであるライーフ・バダウィーに対する一〇〇〇回のむち打ち刑であった。むち打ち刑はイスラムの伝統的な刑罰だが、宗教文化が異なるヨーロッパ諸国では、一般的に人権を侵害する行為と見ている。ドイツはサウジアラビアの人権状況の改善をサウジアラビアとの武器輸出の前提条件にする構えで、ドイツの世論も圧倒的多数がこの措置を支持している。

隣国との戦争

輸出総額の約九割、財政収入の約八割を石油に依存するなど、エネルギー資源を背景とする経済大国であり、石油収入によって軍事的強国を目指すサウジアラビアだが、この国を震撼《しんかん》させたのが隣国イエメンとの戦争だ。

二〇一五年三月二六日、サウジアラビアはイエメンへの空爆を開始した。これは国際的に認知されているイエメンのアブド・ラッボ・マンスール・ハーディ大統領の政権を、「フーシ派から守るため」という口実の下に行われたものだった。米国政府も「サウジアラビアは国境防衛のために空爆を行っている」という声明を出し、サウジアラビアの軍事介入を支持した。

フーシ派は、その前日の三月二五日、アデンの一部とアデン近郊にある空軍基地を制圧していた。空軍基地に駐留していた米軍の特殊部隊は治安の悪化を受けてあえなく退避を決断。イラクやシリアのＩＳへの対策に追われる米軍には、イエメンに対して軍事介入を行う余裕がなかった。サウジアラビアは、あくまでも「国境を守るための空爆」であることを強調したが、かりにフーシ派がサウジアラビア領内に報復的攻撃を行った場合、日本の石油供給源である湾岸情勢に多大な影響をおよぼす可能性がある。とりわけ日本は輸入原油の約三〇パーセント（二〇一二年）をサウジアラビアから調達している以上、同国のイエメンへの軍事介入について、日本の経済界などは特に注視しなければならないだろう。

注11　バルストロム外相がアラブ連盟サミットに招待されたのは、スウェーデン政府が西欧の国として初めてパレスチナ国家を承認したことを背景としていた。

注12　スウェーデンは二〇一一年以降、五億六七〇〇万ドル（六八〇億四〇〇〇万円）に相当する武器をサウジアラビアに輸出していた。

イエメンのフーシ派指導者であるアブドゥルマリク・アル・フーシはあらゆる政治対話を拒否し、「サウジアラビアや他の湾岸のアラブ産油国がイエメンの安全を脅かしている」と主張。サウジアラビアなど湾岸諸国がイエメンの各派を支援して、さらに武器や資金を提供する事態になれば、イエメン内戦がいっそう激しく、悲惨なものになりかねない。

イエメン空爆を米国が支持する理由

このイエメン紛争で、サウジアラビア主導のアラブ多国籍軍は二〇一五年四月二一日、「決断の嵐」作戦[注13]の終了を発表したものの、翌二二日には新たに「希望の復活」作戦を開始した。

それに先立つ二〇一五年三月、エジプトのシャルム・アル・シェイフにアラブ連盟加盟の二二ヵ国の代表が集まったが、この会議の議論をリードしたのはサウジアラビアのサウド・アル・ファイサル外相（王子）で、中東の王族支配、あるいは寡頭支配を確実にすることを目的としていた。さながら、ヨーロッパの保守的秩序を守ろうとした一八一四年のウィーン会議のようだった。

イエメン紛争は、スンニ派のサウジアラビアなどアラブ諸国と、シーア派で、アラブとは異なる民族の「ペルシア」であるイランとの代理戦争と化している。アラブ諸国は、

「イエメンのハーディ大統領の政府をイランがフーシ派という〝代理〟を用いて打倒した」とイランを非難するようになった。しかし、イエメン紛争は政治権力と経済資源をめぐる争いであって、イランが戦略的にアラビア半島での影響力拡大を図っている客観的な様子は見られない。

イエメンは、中東アラブ諸国の中では最貧国の一つで、水資源の減少、顕著な人口増加などが見られる中、各勢力は限られた資源をめぐって抗争を続けてきた。失業率は四〇パーセント以上で、頼みにしてきた石油資源も近い将来、枯渇すると見られている。

米国では、議会の民主党も共和党もサウジアラビアによるイエメンへの介入を支持し、下院議長のジョン・ベイナーは「自国や近隣諸国を守ろうとするサウジアラビアを称賛する」とさえ述べた。米国がサウジアラビアなどによるイエメンへの空爆を支持する背景には、米国の軍産複合体の意向がある。

中東における「宗派戦争」は、米国の国防予算が減額される中、米国の軍需産業に好景気をもたらすようになっていて、ボーイング社は二〇一一年、カタール・ドーハに営業拠点を設け、ロッキード・マーティン社も二〇一五年、これに続いた。ロッキード・マーテ

注13　三月二六日に始まり、四月二一日までに二〇〇〇回以上実施された空爆と地上での戦闘で、世界保健機関（ＷＨＯ）によれば、犠牲者は少なくとも九四四人、負傷者は三四八七人に達した。

イン社はその総利益の二五パーセントから三〇パーセントを外国への輸出で賄いたい意向だ。

こうした、戦争によって利益を得ようとする軍需産業の思惑が、中東の紛争を泥沼化させている。もちろん、それに乗って紛争を激化させるアラブ諸国の指導者たちは非難されてしかるべきだが、その政治的意識の低さもまた、湾岸地域の深刻な不安定さにつながっている。

動揺する「海運の要衝」

イエメンといえばモカ・コーヒーが有名で、旧約聖書に言及のあるシバ王国が所在した地とされる。楽曲「シバの女王」を耳にしたことがある人も多いだろう。しかし、サウジアラビアなどアラブ諸国から軍事介入を受けるイエメンの詳しい情勢については、あまり知られていないのではないか。

イエメンはアラビア半島の南端に位置する国で、人口はおよそ二四〇〇万人。アラブ連盟加盟国の中ではソマリアに次いで貧しい。しかし同国は、世界の戦略上の要衝[注14]に位置する（巻頭の中東周辺地図参照）。

紅海やスエズ運河の「出入り口」ともいえるバブ・エル・マンデブ海峡を擁し、世界の海運の八パーセントから一〇パーセントが紅海とスエズ運河を通過するが、世界の石油輸送の二・五パーセントもイエメン沖、つまりバブ・エル・マンデブ海峡を通過する。カタールが輸出する液化天然ガスもこの海峡を通るが、イギリスの液化天然ガス消費の半分がカタール産、ベルギーも九〇パーセントをカタールからの輸入に頼っている。ヨーロッパ諸国にとっても、バブ・エル・マンデブ海峡は「生命線」[注15]といえる。

イエメン経済の屋台骨である石油が採掘されるようになったのは、南北イエメン統一の少し前のこと。一九八九年までに二〇万バレルが採掘されるようになり、石油埋蔵量は四〇億バレルと見積られている。ペルシア湾岸のアラブ諸国と比較すると、生産される原油の量は少ないものの、それまでおもな輸出品目がコーヒー豆や魚介類だったイエメンにとってはまさに「福音」であった。二〇〇〇年代以降に伸びた生産によって、石油は中央政府の歳入の重要な地位を占めた。[注16]中央政府が地方の部族を懐柔し、政府の求心力を保つためにも、石油収入は貴重な資金源となったが、反政府部族によって原油パイプラインが破

注14　イエメンの戦略上の重要性は、一六世紀にポルトガルが見出したものだ。一八六九年にスエズ運河が開通し、ヨーロッパとアジアの交通が増加すると、その価値はいよいよ高まった。

注15　かりにこの海峡を迂回してスエズ運河ができる以前の、一五世紀末のヴァスコ・ダ・ガマのようにアフリカの南端をルートとすれば、輸送コストは途方もなく跳ね上がる。

注16　その代わり、サウジアラビアからの送金や経済支援はそれまでの重要性を低下させることになった。

壊されると輸出は落ち込み、経済回復の足かせとなっている。

そもそも、ナショナリスト（民族主義者）の政府であり続けた北イエメンと、共産党政権ができあがっていた南イエメンが、冷戦の終焉によって統一されたのは、一九九〇年のことだった。

統一したイエメン中央政府は、「アラブの春」で退陣した独裁者のサーレハ大統領をはじめ、シーア派の一派であるザイド派の人物で固められていたが、地方のザイド派を野卑な存在として嫌う傾向にあった。一九九〇年代になって、サーレハ大統領はサウジアラビアによるワッハーブ派の宗教活動をイエメン国内で容認するようになったが、それは彼の意に沿わない地方のザイド派の影響を弱めるためでもあった。注17
「アラブの春」でサーレハ大統領が退陣し、ハーディ政権になっても、イエメン政治が安定することはなかった。軍部や行政府では依然としてサーレハ一族の影響が強く、サーレハ大統領は与党の党首であり続けるという政治の寡頭支配が続いたからだ。フーシ派は二〇一四年九月、首都サナアになだれ込んだが、政府軍はまともに応戦しなかった（それには、サーレハ一族に従順ではなくなったハーディ大統領に対する懲罰的な動機もあったとされる）。

シーア派の流れをくむフーシ派による政治支配を、もともと分離を好む感情が根強いイエメン南部で多数派のスンニ派住民がすんなり受け入れる可能性はなく、イエメンが再び南北の亀裂を強めていく可能性は否定できない。同国には「アラビア半島のアルカイダ」という、アルカイダに共鳴する武装勢力も根強く活動していて、混乱の長期化はこの組織を勢いづかせる可能性もあるだけに、イエメンで動いている事態は、世界の海運、さらには日本人の日常生活を左右しかねないものといえる。

そんなイエメンを空爆するサウジアラビアに対し、二〇一四年一〇月一日、米国は一七億五〇〇〇万ドル（二一〇〇億円）の武器輸出を行うことを明らかにした。この中には二〇二基のパトリオットミサイルも含まれているが、この契約の中心になった米国の軍事関連企業はレイセオンとロッキード・マーティンで、いずれも米国の軍需産業を代表する企業である。両社は、米国内で「イスラムの脅威」を喧伝《けんでん》し、米国が武器を大量に供与することによって、アラブの保守的な王政を守ることを提唱するシンクタンク「安全保障政策センター（Center for Security Policy：ＣＳＰ）」[注18]への主要な献金企業であることが報じられ

注17　これを受けて、ワッハーブ派の浸透を快く思わない、サアダ県を拠点とするフーシ派（アラビア語でホウスィユーン、やはりザイド派）が二〇〇〇年代の中ごろから反政府武装活動を開始した。

注18　フランク・ガフニーという人物によって創設、運営されるＣＳＰは、「シャリーア：米国に対する脅威と我々の裏庭に潜むジハーディスト（Shariah: The Threat to America and Jihadists in Our Own Backyard）」のような報告書を出して、米国に居住するムスリムを危険視するなど、イスラムを敵視する傾向を強くもっている。また、米国への差し迫った「イスラムの脅威」を説き、米国の軍需産業が「イスラム過激派」という「敵」と戦う中東諸国に兵器を売却することを後押ししている。

た。[注19]

二〇一五年四月二四日付の「i24news」[注20]によれば、二〇一四年のサウジアラビア、UAE、アルジェリア、エジプト、イラクの武器購入額は一二〇億ドル（一兆四四〇〇億円）だった。二〇一五年には一八〇億ドル（二兆一六〇〇億円）がジェット戦闘機、装甲車、ドローン、軍用ヘリなど新鋭の兵器購入に使われると見られている。

国連安保理常任理事国の矛盾

サウジアラビアに積極的に武器を売却しているのは、米国だけではない。イギリスにとっても、サウジアラビアは最も多くの武器を購入してくれる「上客」だ。二〇一〇年のキャメロン政権誕生以降、イギリスはサウジアラビアに三八億ドル（四五六〇億円）の武器を売却。その中には、最新鋭のユーロファイター・タイフーン戦闘機（一機一〇〇億円以上）も含まれている。

ロンドンを本拠地とするNGO「武器貿易反対キャンペーン」（CAAT）[注21]は、イギリスの武器がサウジアラビアのイエメン攻撃に使用されないよう強く訴えているが、そうした中、サウジアラビアが支援するハーディ政権を打倒したフーシ派の軍事的制圧を目指したのが、前出の「決断の嵐」作戦だった。二〇一五年三月二六日、ヨルダン、バーレーン、ＵＡＥ、クウェート、カタールとともにイエメンへの攻撃を開始。サウジアラビア軍機はイエメン北部の難民キャンプを爆撃し、四五人あまりの犠牲者を出した。[注22] 同月、サウジアラビアのサルマン国王は、一〇〇機の戦闘機と約一五万人の兵力がイエメンへの軍事介入に参加していると明らかにした。

二〇一五年四月中旬には、フランスのファビウス外相がＵＡＥに対してラファール戦闘機を売却することを明言。フランスは海外の海軍として唯一、ＵＡＥのアブダビに基地を展開し、またアブダビにルーブル美術館の分館やソルボンヌ大学の分校を置くなど、ＵＡＥに対する積極的な進出を行っているが、ＵＡＥとの経済交流の中で兵器は重要な位置を占めている。

注19　http://www.middleeasteye.net/news/saudi-arabia-1295679323

注20　http://www.i24news.tv/en/news/international/middle-east/68883-150424-multi-billion-dollar-arms-trade-fueling-conflicts-in-the-middle-east

注21　イギリスが権威主義的なサウジアラビアの王政を支援していると批判し、「ＢＡＥシステムズ（イギリスの国防・情報セキュリティ・航空宇宙関連企業）など軍需産業の職員たちも含めて、いかなるイギリス国民も市民の殺戮に加担することがあってはならない」と主張。「サウジアラビアに武器を輸出することは、イエメンやサウジアラビア国民の人権よりもイギリス企業の利益を優先するものだ」と述べている。

注22　サウジアラビアは二〇〇九年にもイエメンを空爆しているが、アムネスティ・インターナショナルなど人権団体は、無差別爆撃であるとして非難した。

こうした欧米の動きに対抗するように、二〇一五年四月中旬、ロシアのプーチン大統領はイランへのＳ３００対空ミサイルの輸出再開を発表した[注23]（ロシアのイランに対する高性能兵器売却は、国連制裁によって二〇一〇年から停止していた）が、イランの安全保障をロシアの武器によって高め、また自国経済の利益となることを考えているのは間違いない。

中東諸国に向けて武器を売りまくるこうした米・ロ・英・仏など欧米諸国の姿勢は、世界平和を維持する機能をもつ国連安保理の常任理事国が中東での紛争を煽《あお》るという矛盾した構図を生んでいる。

たとえば、サウジアラビアは二〇一一年にバーレーンに軍事介入し、それと前後して〇九年、一五年とイエメンにも武力干渉を行っているが、サウジアラビアなどが輸入した大量の武器は、国内の治安対策として用いられることはほとんどなく、あくまでも対外的な「脅威」に備えるものだ。また、米国のＦ15、Ｆ16戦闘機、精密誘導爆弾など新鋭の武器移転はイラク戦争開始の年である二〇〇三年にアラブの同盟国に対して積極的に行われたが、それらの武器がアラブ合同軍による一連のイエメン攻撃に用いられて一般市民の犠牲をもたらし、戦争の惨劇を増幅させている。

中東には武器管理レジームも存在せず、その輸入に対する歯止めがまるできいていない状態といっていい。無秩序にも見える兵器の購入は石油による富の無駄遣いであり、中東での政治問題を勢い武力で決着させようとする傾向に拍車をかけ、中東地域の不安定や混迷の引き金となっているのだ。

「アラブの春」のその後

二〇一〇年から始まった「アラブの春」は、中東の権威主義や独裁体制を打倒し、国民の幅広い政治への参加を訴えたものだったが、その後どうなっているのか。

「優等生」とも言われたチュニジアでは、二〇一五年三月、日本人をも犠牲者に巻き込む銃の乱射事件が起きた。三〇年間にもおよぶムバラク独裁体制が崩壊したエジプトでは、二〇一三年に成立した軍部支配によって、四〇〇〇人が拘禁されているといわれるほどの弾圧政治が続くようになった。その他、国民の政治参加がきわめて限定されているアラブ湾岸諸国は、一時期政治的混乱があったバーレーンも含めて権威主義的方策で政治的安定を維持している。

「アラブの春」は単に独裁体制や権威主義体制を打倒するだけでなく、アラブ諸国の人々

注23　輸出再開は、イラクのアバディ政権が米国から数十億ドルの兵器購入を行う予定があると公表したことを受けて決定したもの。

の生活改善や格差是正を求める運動でもあったが、国連開発計画（UNDP）の「人間開発報告書」（二〇一三年）によれば、人口に占める雇用の比率では、アラブ諸国は五二・六パーセントと、アラブ諸国、東アジア・太平洋諸国、東欧・中央アジア、ラテンアメリカ・カリブ海諸国、南アジア、サハラ以南アフリカという六地域の中で最低で、世界平均の六五・八パーセントを大きく下回っていた。

またIIF（International Information Flow：国際情報流通、二〇一四年一〇月）の報告によれば、ペルシア湾岸協力評議会に属する国々（サウジアラビア、クウェート、UAE、カタール、バーレーン、オマーン）の対外純資産は、二〇〇六年が八七八〇億ドル（一〇五兆三六〇〇億円）であったのに対して、二〇一四年末までに二兆二七〇〇億ドル（二七二兆四〇〇〇億円）に達する。これだけを見れば順調な成長を想起させる。ところがエネルギー資源が少ないエジプト、シリア、ヨルダン、レバノン、チュニジア、モロッコの対外純資産に目を転じると、二〇〇六年の一一〇億ドル（一兆三二〇〇億円）から、二〇一四年にはマイナス四六七億ドル（マイナス五兆六〇四〇億円）に激減しており、アラブ世界域内でも多大なる経済格差があることがうかがえる。[注24]

ISが北部を支配するイラクでは、UNDPによれば、一日二ドル二〇セント以下の貧困生活を余儀なくされる人々が国民の二三パーセントを占める。イラクといえば、かつては教育・医療制度の面においてアラブ世界の中では先進的な国であったが、二〇〇三年からのイラク戦争が同国を「難民の国」にしてしまった。がんの発症や障害児の出産数が著しく増加したが、米軍がイラク戦争で使用した劣化ウラン弾がその原因として有力視されている。イラク戦争の際には、米軍などの「有志連合」が上水道インフラ、発電所、下水道システムを破壊しているが、それもまた、ISによる暴力を惹起している。

イラクに限らず、ISの活動が見られるシリアやリビアでも、欧米の軍事介入を招き、住民たちは飢えや精神的恐怖にさらされるようになり、武装集団に入ることによって、自らや家族の生活を支えたり、その安全を図ったりしている。詳細については第五章に譲るが、中東イスラム世界の暴力を助長しているのは、貧困という問題であることは間違いない。

ドローンが招く反米感情

米国のカリフォルニア州は、軍需関連（航空産業）の生産拠点の一つであるが、米国防

注24　シリアやエジプトの例で顕著なように、政治的動揺が発生するのは、国内で政治的権力の集中と貧富の格差が著しい貧国に多い。

総省が冷戦を終結させた後、一九九〇年代に入って軍事予算が削減されると、ロサンゼルス近郊だけでも一二万人の軍需関連労働者が解雇されたという。

しかし、二〇〇〇年代にアフガニスタンとイラクで「対テロ戦争」が開始されると、ドローン（無人機）が米国の軍需産業にとって「救世主」的存在となった。ブッシュ政権は二〇〇一年に九・一一同時多発テロが発生すると、「対テロ戦争」を「新しい戦争」と捉え、世界的な「テロリスト狩り」を提唱。ラムズフェルド国防長官は、イスラエルがパレスチナのハマス指導者たちなどに用いている「標的暗殺」、つまり危険な人物を武力によってピンポイントで殺害することが米国にも求められていると訴えた。

しかし、この「標的暗殺」はのちに米空軍が明かすように正確性を欠き、多くの市民の犠牲を伴っている。たとえば米国は、「パキスタン・タリバン運動（ＴＴＰ）」の副司令官カリ・フサインを殺害するためにドローンで六回攻撃し、二〇一〇年一〇月一五日によやくその殺害に成功したが、これらの攻撃で一二八人の市民が犠牲となった。二〇一一年六月、ジョン・ブレナン国土安全保障・テロ対策担当補佐官は、ドローンの正確な攻撃によって市民が犠牲になったことはないと「豪語」したが、イギリスの人権団体リプリーブの調査によれば、アルカイダの副官アイマン・ザワヒリーを殺害するために米国は二回にわたるドローン攻撃を行い、その攻撃によって七六人の子供たちが犠牲となった。[注25]

いまや米国の軍需産業を支えるドローンは、米国の一部の人々の経済的利益にはなっているが、中東イスラム世界ではさらなる反米感情を招くなど、結果的に見れば米国人の安全保障を損なうものと化している。

ちなみに米国のドローンはアフガニスタン、パキスタン、イラクなど「大きな中東」での戦争に使われていて、米空軍にはおよそ一〇〇〇人のドローン操縦士がいる。ドローンの操縦士になるにはおよそ一年の訓練が必要で、ＣＩＡのドローンによる暗殺作戦には空軍関係者たちが従事している。

操縦士たちは戦場の兵士たちとは異なり、家族と生活し、砂漠の砂嵐や敵の攻撃にさらされることもない。コンピュータに向かってゲーム感覚で操縦するだけだ。パキスタン、ソマリア、イエメンでは「高価値」の標的、つまり「イスラム過激派」の有力な指導者たちを殺害することを意図している。そして、イラクやシリアのＩＳとの戦闘にも、ドローンが使用されるようになった。

中東の戦争で使用されるプレデターやリーパーなどのドローンは、主にカリフォルニア州南部のジェネラル・アトミクス社の工場で製造され、ドローンの飛行には操縦士だけでなく、カメラの操作、情報の収集、メンテナンスなど一機についておよそ二〇〇人から四

注25　http://www.reprieve.org.uk/press/2014_11_25_us_drone_strikes_kill_28_each_target/

○○人のスタッフが必要とされている。
一見、気楽なドローンの操縦に思えるが、米国のドローン操縦士たちの中には辞職する者たちも少なからずいる。コンピュータ画面を通してとはいえ、子供や女性たちを殺害することによってPTSDを発症する事例もある。勤務時間も、戦闘機のパイロットの搭乗時間が年間三○○時間なのに対して、ドローンの場合、一週間に五日から六日勤務し、一日の勤務時間が一二時間という操縦士たちもいる。

ドローンの「標的暗殺」によって、イラク人やアフガン人など数百人の人間を救うことができたと言って正当化する者もいるが、操縦士たちの半分以上が精神的なトラブルを起こしているという調査結果もある。ドローンは、中東イスラム世界の人々の生命を犠牲にするだけでなく、攻撃する側の人間の心まで奪っているのが現状だ。

軍産複合体が助長する戦争

米国のアイゼンハワー大統領は一九六一年の離任演説において、軍、産業界、学会などが一体となって兵器の開発を行う軍産複合体が米国に破滅的影響をおよぼす危険性を指摘したが、この構図は一九四八年の成立以来、中東での紛争の中心にあり続けてきたイスラエルにもあてはまる。

イスラエルの軍産複合体は兵器を輸出するために、その開発研究や製造を自前で行ったり、また米国から毎年三〇億ドル（三六〇〇億円）の軍事支援を受けたりして、戦争を遂行するような国家だ。イスラエルのおもな貿易品目はダイヤモンドや医療精密機器だが、ストックホルム国際平和研究所（ＳＩＰＲＩ）によれば、二〇一二年、同国の軍需産業は二四億ドル（二八八〇億円）の兵器を輸出。イスラエル人一人あたりにすれば三〇〇ドルで、これは世界第一位の数字である（ドイツ「シュピーゲル」誌二〇一四年八月二七日）。

二〇〇八年から〇九年にかけてのガザ攻撃では、イスラエルは家屋から家屋にかけて移動する敵を捜索するロボット兵器を採用し、一二年と一四年[注26]のガザ攻撃では「アイアン・ドーム」というロケット防衛システムの性能を証明した。こうした実際の戦場が、イスラエルにとって兵器の「優秀性」を他国に誇る「舞台」ともなっている。イスラエルの軍需産業は同国の経済を支える柱となり、ＳＩＰＲＩによればＧＤＰの八・四パーセントを軍事費に割いているという。しかし、こうした軍事費への支出のために、イスラエルでは貧困や社会福祉に十分な予算がとれていないという問題もある。

注26　二〇一四年のガザ攻撃の際、イスラエルの軍需関連企業「イスラエル・ミリタリー・インダストリーズ（Israel Military Industries、ＩＭＩ）」のナザレにある兵器工場は、二四時間稼働態勢を敷いていた。ＩＭＩは国営の軍需産業で、主に五・六六㎜の自動小銃用の弾丸や戦車の砲弾などを製造している。最近では精密誘導爆弾の製造にも乗り出し、精密誘導爆弾に対して政府から五六億シェケル（およそ一七〇〇億円）の契約があった。

国連人道問題調整事務所（ＵＮＯＣＨＡ）は二〇一五年三月二六日の報告書で、ガザではいまだに一〇万人以上の人々がホームレス状態に置かれていることを明らかにした。また、同報告書によれば、四〇〇〇万人のパレスチナ人たちがヨルダン川西岸とガザでイスラエル軍の占領下に置かれている。イスラエルの軍産複合体によって助長される戦争は、米国がイスラエルに絶大な支持を与え、またムスリムのパレスチナ人が劣悪な生活を余儀なくされていることもあって、「イスラム過激派」による反米テロの一つの背景となり、国際社会の安全にも重大な負の影響をおよぼしている。

軍産複合体は本当に紛争を解決できるのか

二〇一三年一二月二九日付の「アル・ハヤト」紙によると、軍事介入が続くイエメンでは、住民の半分が貧困ライン以下で困窮、失業率は若者の間では六〇パーセントを超えている。

また、「エジプト中央公共流通・統計局」によれば、そのイエメンへの空爆に参加しているエジプトも、一八歳から二九歳の失業率（二〇一四年）は二九パーセントに上り、二〇一三年の二三・七パーセントに比べて上昇しているという。

さらにいえば、イエメンへの軍事介入に主導的役割を果たすサウジアラビアでは、一九七〇年代の人口が六〇〇〇万人であったのに対し、現在では二九〇〇〇万人を超えている。豊かな産油国というイメージの反面、国民間の経済格差は著しい。二〇一五年一月に他界したアブドラ（アブドゥッラー）国王の資産は一八〇億ドル（二兆一六〇〇億円）だったのに対し、国民の二〇〇〇万人から四〇〇〇万人は一日一七ドル以下の生活を送っている。また、同国の失業者のうち四分の三が二〇代の若者たちだ。サウジアラビアの若者の経済的欠乏という問題も、宗派問題とともに、その不安定要因としてくすぶり続けるに違いない。

現在の中東イスラム世界における軍事的脅威や紛争とそれに伴う難民問題は、自然資源や食料、水の不足などの要素も、その重要な背景となっている。

たとえば、紛争に揺れるイエメンでは、地下水の減少[注27]だけでなく、降水不足も相まって、水不足が各集団の対立要因になっている。

ソマリアなど「アフリカの角」地域では、漁業資源の不足によって海賊[注28]が出没するようになった。ソマリアの海といえば、かつては「アフリカのアマゾン」と呼ばれるほど豊かな水産資源に恵まれていた。しかし、内戦による中央政府の権威低下によって沿岸警備活

注27　同国では一九七〇年代から地下水を大量に使う灌漑農業が拡大された。農業用水の三分の一が「カート」という軽い覚せい作用をもつ伝統的な嗜好品の栽培に使われるなど、計画性のない水利用が混乱を招く要因ともなっている。

注28　ソマリア領海内では、外国による産業廃棄物の不法投棄も行われていて、それが漁獲量の減少につながり、ソマリアの漁民たちを海賊行為に走らせることになった。

動が弱まり、外国船が水産資源を乱獲するようになった。
ＩＳの暴力をもたらしている要因には、旱魃《かんばつ》もあげられる。シリアでは地球温暖化を背景とする旱魃によって農村部の一〇〇万人以上の人々が離農し、アレッポやダマスカスなど主要な都市に国内移住していった。長引く紛争によってこれらの国内移住層は生命の危険にさらされている。[注29]
ＪＩＣＡ（国際協力機構）の理事長であった緒方貞子氏は、「難民問題は本質的に政治的問題」と指摘しているが、これに少し補足すると、難民問題は経済資源の不足に起因する政治的不安定から発生する問題であるとはいえまいか。だとしたら、軍産複合体による武器輸出支援や軍事介入に依るのではなく、まずはそうした人々の経済や生活状態を改善することこそが、中東イスラム世界の紛争や暴力を減らすことにつながるのではないか。

注29　パレスチナのガザ北東部のベイト・ハヌーンのあるイマーム（説教師）は、二〇一五年六月、「境界が遮断され、物資輸送のためのトンネルが破壊され、経済が『死滅』しているガザでは『イスラム国』の浸透の可能性がある」と語った。

第二章　新シルクロード構想を掲げる中国の野望

鉱物資源が豊かなアフガニスタンのガニ大統領と中国の習近平国家主席（新華社／アフロ）

二〇〇一年の「対テロ戦争」開始以来、米国はアフガニスタンに駐留している。他国に対する占領後の米軍の駐留としては、第二次世界大戦後、最長の期間である。しかし目下のところ、ユーラシア地域における米国の影響力低下は否めない。

他方、ロシアにとって中央アジアは旧ソ連時代から「裏庭」のような地域であった。以来、二〇一四年のクリミア半島併合などウクライナ問題によって欧米諸国から経済制裁を受ける中、その国際的孤立を脱却するために、そして武器輸出先として、中央アジア諸国やイラン、シリアといった中東諸国の戦略的重要性は変わらぬままである。

前章では武器の輸出入という切り口から中東の「いま」を説明したが、本章ではより視野を広げ、ユーラシアの「地経学」という観点から、国際政治情勢の分析を試みたい。

そのカギを握るのは、中国だ。今後、中央アジア、南アジア、中東などのイスラム世界に地理的に近接し、また中東や中央アジアのエネルギーをいっそう必要としているなどの理由で、かの地における中国の影響力が増していくだろう。

新シルクロード構想

二〇一三年、中国はEUを抜いて中東諸国との最大の貿易パートナーに「昇格」した。[注30]

中東イスラム地域においては一九世紀以来、まず欧州が現在の国境線を引くなどしてその秩序をつくり上げ、第二次世界大戦後は米国が経済的・軍事的なヘゲモニー（覇権）を掌握してきた。この間、欧米諸国の最大の関心事は、中東地域の戦略物資である「石油を確保すること」であり続ける一方、ペルシア湾岸諸国の王政による人権侵害や抑圧的政治を黙認してきた。これに対し、アラブ諸国も、欧米との政治的、経済的関係を重視してきたことはあらためて言うまでもないだろう。

ところが、二〇〇三年のイラク戦争における米国の中東政策の「挫折」が、これまでの流れを大きく変えた。

中国は一九九三年に石油の純輸入国に転じて以降、エネルギー需要を著しく高めてきた。中国政府は経済的恩恵を国民に与え、政治的自由の欠如に対する不満を緩和することを考えなければならない。そのためにも、経済の原動力となる石油などのエネルギーは不可欠な戦略物資であり、近年、中国は中東イスラム世界の政治や経済の現況に、より多くの関心を抱くようになっている。

注30　第三位は米国、第四位は中国の戦略的ライバルであるインドであった。

エネルギーを渇望する中国[注31]の中東政策は、アフリカの国内政治に干渉せず、中国に対する好感を得ながら経済交流を行うという、「対アフリカ政策」がモデルになる可能性がある。しかし他方で、アフリカ資源開発は環境問題を引き起こし、経済利権を獲得するために政府中枢の買収を行い、中国人労働者を本国から連れてきて労働させたためにアフリカの雇用拡大にはつながらなかったなど問題も多かった。それが中国に対するアフリカの反発を招き、エチオピア東部のオガデン地方やナイジェリアなどでは中国人労働者の誘拐や殺害事件も発生している。このような問題が今後、中東でも生じないとは限らない。

そしていま、中国は中央アジアを通り、ヨーロッパに至る鉄道、道路、エネルギー・パイプラインを整備する「新シルクロード[注32]構想」を掲げ、全世界に強い影響力を発揮する夢を思い描いている。

これは、あたかも中国の明（一三六八〜一六四四年）の時代に二〇〇の船団を率いて大航海を行った鄭和[注33]（一三七一〜一四三四年頃）の壮大な野心を彷彿《ほうふつ》とさせるものだ。彼は明の永楽帝に仕えたが、永楽帝は貿易拡大の意図をもって鄭和に大航海を行わせた。[注34]鄭和自身はホルムズまでしか行かなかったが、その分遣隊は東アフリカまで到達している。

そして約六〇〇年後の現代、それに似た経済圏確立を構想する中国は、ミャンマーとパイプラインで結んでエネルギーの確保を図りつつ、バングラデシュ、インド、ミャンマーとの交通ネットワークを築こうとしているというのだから、その野望には果てしないものがある。

製造業がＧＤＰの四四パーセントを構成するなど、「世界の工場[注35]」の役割も果たす中国にとって、製品の輸出を円滑にするためにもユーラシアの新たなシルクロードの交通網の整備は重要な意味をもつものだ。

注31 長期的視野に立てば、中国は再生可能エネルギーや原発などを開発して化石燃料への依存度を減じていくかもしれないが、当面は他国の生産する石油やガスに頼らざるをえないのが実情だ。二〇〇九年以来、中国は世界で二番目に多い石油や石油製品の輸入国となっているが、リスクヘッジとしてその購入先を多様化する政策をとっている。たとえば、石油以外でも、ウクライナ問題で国際社会から孤立するロシアからガスを購入しているが、今後、エネルギー資源や鉱物の採掘権を認める国があれば、その契約に即座に前向きになることだろう。

注32 シルクロードは、その名の示す通り中国の絹がヨーロッパに輸出されるのに利用された交通路であり、今から二〇〇〇年あまり前に、中国から、インド、中東、黒海地方を結ぶ通商ルートとして確立された。

注33 ちなみに、鄭和の姓は「馬」で、預言者ムハンマドの子孫であることを表しており、ムスリムであった。

注34 鄭和の「南海遠征」は、七回におよんだ。

注35 中国は世界のエアコンの八〇パーセントを製造し、またパソコンの九〇パーセント、太陽光パネルの七五パーセント、携帯電話の七〇パーセント、靴の六三パーセントを生産する。

四兆八〇〇〇億円の基金を設立

二〇一四年一一月一八日、中国の浙江省金華市の県級市であり、上海から南へ三〇〇キロに位置する義烏《ぎう》市から数十のコンテナを連ね、一〇〇〇トンもの荷物を積載した貨物列車が、スペインのマドリードに向けて出発した。一二月九日、マドリードに到着したこの列車の走行距離は、ロシアのシベリア横断鉄道より四割も長く（全長一万三〇〇〇キロメートル）、中央アジアのカザフスタン、ロシア、ベラルーシ、ポーランド、ドイツ、フランス、そして最後にスペインに至るものである（本書巻頭の中東周辺地図参照）。

こうした交通、資源輸送、インフラのよりいっそうの整備を目指す新シルクロード構想は、中国と中央アジアなど他のユーラシア諸国との「距離」を接近させていくに違いない。ロシアの経済的低迷と、それに伴う中央アジア諸国経済の冷え込みは、かねて中央アジア諸国に関心を寄せていた中国を地政学的、地経学的に有利にさせている。

二〇一四年一二月、中国はカザフスタンとの間でガス輸入に関する一四〇億ドル（一兆六八〇〇億円）の契約を結んでいるが、ガスはトルクメニスタンからも輸入している。ロシアは、その経済的後退によって、トルクメニスタンからのガスの輸入量を減らしているので、トルクメニスタンにとって、中国はその埋め合わせをしてくれる「ありがたい国」[注36]でもあるのだ。

ちなみに、中国はカザフスタンとは二〇一四年末の時点で三〇〇億ドル（三兆六〇〇〇億円）の経済契約を結び、また同時点でウズベキスタンには一五〇億ドル（一兆八〇〇〇億円）、トルクメニスタンに対しては八〇億ドル（九六〇〇億円）の借款を行っている。中国はウズベキスタンを除く中央アジア諸国の最大の貿易パートナーとなり、中央アジアの「スタン」と名のつく国々とは、パイプラインで結ぶ「パイプラインスタン」とも形容されるほどにエネルギーを介して結ばれるようになった。

特に、中国の少数民族であるトルコ系のウイグル人たちが多く居住し、中央アジアに接する新疆ウイグル自治区は、新しいユーラシアのハブと見なされるようになった。こうした中国の構想の背景には、経済進出によって、ウイグル人の分離独立主義の運動が根強く見られる同地区の経済安定を図るとともに、政治的影響力を定着させたい意向もあるだろう。また、中央アジア諸国との経済協力促進の意図には、これら諸国と治安協力も行い、そこに住むウイグル人たちの動静をウォッチし、分離独立運動を封じたいという狙いもある。

新シルクロード構想には、その実現可能性に疑問符もつけられているが、二〇一四年末

注36　ウクライナ問題などを背景とするロシアの中央アジアからの経済的、政治的影響力の退潮によって、中国はこの地域でその存在感をいよいよ増すようになった。

に四〇〇億ドル（四兆八〇〇〇億円）規模の「シルクロード基金」を設立、アジアインフラ投資銀行（ＡＩＩＢ）も動き出し、資金面で支える態勢を着々と整えている。

米国を凌ぐ「経済回廊」

二〇一五年四月二〇日、国民の九割以上がイスラム教徒とされるパキスタンを訪問した中国の習近平国家主席は、同国に対し四六〇億ドル（五兆五二〇〇億円）の投資を行う計画を明らかにした。米国が二〇〇八年から始めた対パキスタン援助が七五億ドル（九〇〇〇億円）だから、中国のほうが米国・パキスタンの経済関係をはるかに上回ることになる。

このパキスタンへの巨額の投資も、やはり新シルクロード構想に沿ったものだ。

中国が国際的に孤立していた一九六〇年代、中国にとってパキスタンは稀有《けう》な友好国だった。中国とインドには国境論争があって対立し、またパキスタンとインドはムスリム住民が多いカシミールの分離運動をめぐって激しくせめぎ合っていた。つまり、中国とパキスタンは「敵の敵は味方」という発想で結ばれていたのである。

二〇一一年五月、米国がパキスタン北部のアボタバードでオサマ・ビンラディンを殺害した際、パキスタン政府は米軍の行動がパキスタンの了解を得たものではなく、主権を侵害すると批判したが、それを支持したのは中国だけだった。駐北京のマスード・ハーン・

パキスタン大使は中国の姿勢を「山より高く、海より深い思慮に満ちたものだ」と絶賛。主要な武器供給国でもある中国は、パキスタンにとって心強く、信頼がおける国となっている。

このように、パキスタンにとって中国は安全保障の上で重要な国だが、近年両国は経済的な結びつきをも強めている。前記の習近平主席のパキスタン訪問でも強調された「中国・パキスタン経済回廊（CPEC）」は、中国の経済発展とパキスタンの政治・経済的安定を想定したものだ。

パキスタンでは現在、アフガニスタンなどからの移民増加に伴い、人口が激増中だ。二〇五〇年には世界第四位になると予測される一方、インダス川流域に国民の八〇パーセント以上が居住し、一日二ドル以下で暮らす貧困層は国民の半数以上。主要産業は農業（小麦、コメ）と繊維産業（寝具類、ニットなど）で、石油は輸入に頼っている。

それゆえ、中国にとってのパキスタンの経済的重要性は、石油資源そのものというより、地理的な条件を背景とするものだ。中国の北西部は沿岸部の上海よりはるかにアラビア海に近い。新疆ウイグル自治区のウルムチからパキスタンのインド洋に面した港湾都市カラチまでは二八〇〇キロと、上海からカラチまでの距離の半分ぐらいということもあり、中国は、パキスタンを中国西部へのエネルギー供給の通過点[注37]としても重視するようになっているのだ。海路での輸送とは異なり、台湾、フィリピン、ベトナム、インドネシア、インドなどを経てタンカー輸送する必要がなくなるので、中東資源にぐっと近くなるというメリットがある。

パキスタン政府軍は二〇一四年夏以降、「パキスタン・タリバン運動（TTP）」の掃討作戦を行っているが、パキスタン部族地域でのウイグル人の活動に脅威を感ずる中国もこの作戦に協力している。CPEC構想を成果あるものにするためにも、パキスタンの政治的安定は非常に重要だからだ。中国は、深刻な電力不足に悩むパキスタンに太陽光発電所と石炭火力発電所を建設する計画をもっているが、それはパキスタンの経済成長や社会的安定を促すことになる。

パキスタンは独立以来、経済面で競合するインドから大きく遅れをとっているだけに、経済中心に外交を考える中国は、人権状況の改善などで国内政治にしばしば注文をつけてくる米国より、その経済協力を推進するのにはるかに都合がよい国である。

なお、米国のパキスタンへの関わりは主に軍事で、二〇〇二年から〇九年にかけて金銭的支援の三〇パーセントが貿易関連、残りの七〇パーセントは軍事関連であった。他方、

CPEC整備のための中国による投資は、一〇〇パーセントが経済支援や産業振興のために使われる。九・一一以降、米国がパキスタンに与えた軍事支援が経済発展のために振り向けられていたならば、パキスタン国民の生活状態ははるかに改善されたに違いない。経済関係を重視する中国の進出は、民生安定にも役立つのではと大きな期待がパキスタンからは寄せられている。

インドの懸念と中・パの不安要因

他方、中国とパキスタンのCPEC構想は、インドから歓迎されるべくもない。この協定と並行するように、中国はパキスタンに八隻の潜水艦を売却することも約束すると、インドは安全保障上の懸念を増幅させた。

ただし、新シルクロード構想において、中国とパキスタンが重視するパキスタンの港湾都市グワダルから新疆ウイグル自治区までの三〇〇〇キロの「経済回廊」をめぐっては、安全上の問題があることも確かだ。

注37　パキスタンではペルシア湾に面するグワダル港からカラチに至る鉄道路が敷かれる予定だが、中国はこれに注目。グワダルを経由し、ペルシア湾のエネルギーをパイプラインによって、ヒマラヤを越えて中国西部に輸送することを計画するようになった。

グワダル周辺における中国の不安としては、パキスタン・バルーチスタン州の分離独立運動があげられる。バルーチスタン地方は、イランとパキスタンにわかれていて、その四〇パーセントはパキスタン領内にあるが、中国・パキスタンの経済回廊の実現がバルーチスタンの人々に経済的恩恵を与えるという見込みはあまりない。というのも、パキスタンの周縁ともいえる部分に位置するバルーチスタンは、同国の経済発展から取り残されてきたからだ。

経済回廊から与えられる利権は、パキスタンの軍事的・経済的エリートを輩出してきたパンジャーブ人たちが独占してしまうのではないかという疑念を、バルーチスタンの分離主義者たちが抱いたとしても不思議ではない。実際、中国人の労働者たちはバルーチスタンでテロに遭っていて、この問題もあって中国はグワダルに軍港を置くことを躊躇《ちゅうちょ》している。

それでもなお、中国がパキスタンのグワダルに海軍基地の建設を意図しているのではないかという根強い懸念をインドや米国などは抱いている。そもそも、グワダルはホルムズ海峡から五〇〇キロほど離れたところに位置する。二〇一一年、パキスタンが中国に対し、グワダルに海軍基地を設けることを提案したと報じられたが、中国海軍が地政学的な発想から石油やガス資源が豊富なペルシア湾に近いグワダルに軍港をもつ意図をもったとしても、おかしくない。

経済回廊はパキスタンの部族地域（連邦直轄部族地域：ＦＡＴＡ）を通るものではないが、アフガニスタンの鉄、銅、レアメタルなどの鉱物資源は、ハイバル峠から部族地域を通過して入り、そこから「回廊」に輸送されることになる。部族地域の「パキスタン・タリバン運動（ＴＴＰ）」は、排外的な感情が強く、中国の存在感がパキスタン国内で強まることを嫌う可能性もある。

さらに既述の通り、中国が最も懸念するウイグル人の分離独立運動があり、ウイグル人たちが駅舎など中国の交通施設をテロの標的にしてきたことは、経済回廊にとっても脅威であるに違いない。

中国はウイグル人たちがパキスタンの部族地域やアフガニスタンで活動し、さらにシリアやイラクの「イスラム国」（ＩＳ）にも参加していることに神経を尖《とが》らせている一方、ウイグル人たちは自らの故地が漢族の経済的利益に使用されることを快く思ってはいないだろう。


いずれにせよパキスタンへの大規模な投資は、中国をさらに国際的な経済アクターにのし上げることになった。インドとの政治的軋轢、また国内のウイグル人たちの分離独立運動は、その関心をパキスタンに向けさせることになっている。貧国のパキスタンは政治的に不安定で人口問題が深刻だが、中国との経済交流はパキスタンの発展にも欠かせない。

繰り返すが、パキスタンには過激なイスラム主義の潮流もあって、これがウイグルの分離主義と結びつきかねないというリスクもある。だが、中国はこれらの懸念要因よりもパキスタンの経済的重要性に重きを置くだろう。

アフガン利権

中国はイラク戦争後のイラクでも数多くの石油利権を手にしたが、同様にアフガニスタンにも、積極的な経済進出を図るようになっている。

一九世紀、アフガニスタンはイギリス、ロシアという帝国主義勢力が中央アジアでの覇権をめぐってしのぎを削る「グレートゲーム」の舞台であった。それからおよそ二〇〇年――米国は二〇〇一年から始まったタリバンとの戦争に一兆ドル（一二〇兆円）を費やし、二一五〇人の兵士を失った。このアフガニスタンでの「対テロ戦争」は、米国にとっては海外での戦争の最長記録だが、米軍が徐々にアフガニスタンからフェードアウトすれば、地理的に遠いアフガニスタンは米国から忘れられた国になるに違いない。中国のアフガニスタンへの経済的進出はそこに乗じた感が強い。

二〇一二年六月、胡錦濤国家主席とアフガニスタンのハミド・カルザイ大統領は北京で開催された上海協力機構（SCO）のサミットに出席し、「中国・アフガニスタン戦略協力パートナーシップ」の覚書に調印している。公安責任者であった周永康（のちに失脚）はその三ヵ月後にカブールを訪問し、三〇〇人のアフガニスタンの警官を四年にわたって訓練するという協定を締結。同じ年にカルザイ大統領が再び北京を訪れると、胡錦濤主席は二〇一三年に二億元（三七億四八〇〇万円）の支援を行うことや、アフガニスタン支援国会合を北京で開催することを約束した。

こうした中国の友好的な姿勢に対して、二〇一四年九月に成立したアフガニスタンのアシュラフ・ガニ政権は、外交では中国との関係を重視し、その次にイスラム諸国との交流に優先順位を置くようになった。中国は同年一一月になってタリバンの指導者たちを北京に招き、ガニ大統領も政権発足後、ワシントンではなく、真っ先に中国訪問を実現させた。その際、ガニ大統領は、中国は短期的にも、中期的にも、さらに長期的にも、戦略的パートナーであり続けると訴えている。[注38] 他方、中国の習近平国家主席も、アフガニスタン

注38　かつて世界銀行に一一年間勤務し、中国政府とも交渉を行った経験があるガニ大統領は、この中国訪問で、中国から二〇億元（三七四億八〇〇〇万円）におよぶ二〇一八年までの経済的支援の約束をとりつけた。

は「中国人民」にとって古くからの友人であることを強調し、アフガニスタンとの経済交流を積極的に推進していく姿勢を見せた。

もともとアフガニスタンは内陸国・山岳国で、鉱物資源に乏しいと見られていた。主要産業は農業で、おもに絨毯《じゅうたん》やレーズン、ピスタチオなどを輸出してきた。ところが二〇〇七年、中国の「中国冶金科工股份有限公司」と「江西銅業」は、首都カブールの南東およそ四〇キロにあるアイナク銅山に関する四四億ドル（五二八〇億円）の契約を獲得。そして二〇一〇年になって、米国防総省が米国地質調査所の調査結果を引用する形でアフガニスタンの埋蔵鉱物資源の価値を一兆ドル（一二〇兆円）と発表[注39]すると、その翌年には「中国石油天然気集団」がアフガニスタンの「ワタン石油ガス」と、同国北西部にある油田の共同開発に四億ドル（四八〇億円）を投資。一方、「アフガニスタン投資支援エージェンシー」によれば、二〇一二年までに米国は七〇の企業がアフガニスタンに七五〇〇万ドル（九〇億円）を投資したにすぎない。

中国はアフガニスタンでのタリバンとの戦闘に参加しておらず、国際治安支援部隊（ISAF）に参加することもなかった。米軍などNATO加盟諸国がアフガニスタンの安全に取り組む中、中国が最も多くの経済的利益という名の「果実」を得ることになった。

印・パの駆け引き

インドとパキスタンは一九四七年の分離独立以来、対立を続けてきたが、アフガニスタンをめぐっても両国はせめぎ合っている。

インド政府は、タリバン政権以前にアフガニスタンと良好な外交関係を築いてきた歴史的経緯もあって、井戸の掘削や学校、病院などの建設のために、かねてアフガニスタン政府へ財政支援を行ってきた。具体的目標が伴うインドの支援は、ただ資金を与えるだけで十分な監査を実施せず、アフガニスタン政府高官の「腐敗の温床」と化した米国のそれとは対照的なものだった。インドは二〇一五年七月、アフガニスタンのカブール郊外に総工費一億四〇〇〇万ドル（一六八億円）の議会庁舎を竣工させたが、この新たな議会ビルは、同国でのインドの存在感を強くアピールするものだった。

アフガニスタンでは二〇〇四年、カルザイが大統領に就任した。彼はインドに七年間の留学経験があり、ウルドゥー語とヒンディー語に通じている。ボリウッド映画やインド料理の愛好者でもあり、インドに強い愛着をもつ人物とされる。インドの「民主主義」を称賛する彼は、大統領に就任すると即座にインド訪問を果たした。

注39 http://www.iima.or.jp/Docs/topics/2014/258_j.pdf

そんなカルザイ政権にとって最大の懸念は、タリバンを支援するパキスタンの動静だった。二〇〇六年二月、カルザイ大統領はパキスタンの首都イスラマバードを訪問し、最高指導者ムッラー・オマルを含む、パキスタンに潜伏していると考えられたタリバンの指導者たちのリストをムシャラフ大統領に与えたが、ムシャラフ大統領はリスト自体が古く、役に立たないものとしてまともに取り合うことはなかった。

その後、アフガニスタンの防衛省や情報省がインドの影響を強く受けていると考えたムシャラフ政権は、ムッラー・オマルがアフガニスタン南部に潜伏していると主張するようになり、他方カルザイ大統領はオマルがパキスタンのクウェッタに潜んでいると反論するなど、タリバンをめぐってアフガニスタンとパキスタンの間で亀裂が生じた。

最高裁長官らを不法に解任、拘束した罪状によってカラチで自宅軟禁状態に置かれるようになったムシャラフ元大統領は、二〇一五年二月、彼の政権時代にインドとパキスタンがアフガニスタンで「代理戦争」を行っていたことを認めた。それは、アフガニスタンにおけるインドのパキスタンへの敵対行為に対抗するものであったとしている。二〇〇九年、「アフガニスタン社会経済世論研究センター（Afghan Center for Socio-Economic and Opinion Research）」が行った世論調査によれば、パキスタンに「よい印象をもっていない」と回答した人は九一パーセント、それに対してインドは二一パーセントと低く、総じてアフガニスタンの人々はパキスタンによるアフガニスタンへの介入に反発している。

　こうしたアフガン国内の親インド感情を背景に、カルザイ政権は二〇一一年一〇月、インドのマンモハン・シン首相との間で戦略的パートナーシップを結び、インドがアフガニスタンの国家治安部隊の訓練、装備、能力向上に貢献していくことになった。

　二〇一一年一二月、インド紙「ナショナル」が、イギリスの軍事情報誌「ＩＨＳジェーンズ・ディフェンス・ウィークリー」の情報として、三万人のアフガニスタンの治安部隊員たちがインドで三年あまりの訓練を受けることを報じると、パキスタン政府はこれに強く反発。アフガニスタンで親インドの軍隊ができ上がることは、有事の際、パキスタンが対インド・アフガニスタンという「二正面作戦」を強いられることになり、同国の安全保障にとっては非常に憂慮される事態となる。しかも追い打ちをかけるように、インドがアフガニスタンの治安部隊に対してライフル、小型武器、ロケット・ランチャー、小型砲、またソ連製Ｔ55戦車を供給することも決定した。

　もっとも、パキスタンの懸念をやわらげるかのように、二〇一四年九月に新たに就任したアフガニスタンのガニ大統領は一一月、パキスタンを訪問し、シャリフ首相やパキスタン軍のトップであるラヒール・シャリフ将軍と会談。その後、ガニ大統領は、カルザイ前大統領がインドから購入する契約を結んでいた重火器の輸入を停止し、カルザイ前大統領の親インド政策とは一線を画す姿勢を見せた。

また、二〇一四年一二月一六日にパキスタンのペシャワルで軍関係者の子弟が通う学校でテロ事件が発生し、一三二人の生徒たちが犠牲になると、パキスタンのシャリフ首相はテロに対して容赦しない姿勢を強く見せ、これに呼応してガニ大統領もアフガニスタンとパキスタン国境の治安維持の強化を訴えた。そして、パキスタン軍のシャリフ将軍が事件後カブールを訪問すると、ガニ大統領はアフガニスタン軍の将校たちをパキスタンの士官学校に訓練のため派遣する意向を明らかにした。

ガニ大統領はタリバンとの和平交渉に前向きだが、タリバンに影響力をもつ、隣国パキスタンとの関係も、軽んじることはできない。アフガニスタンは今後、インドとパキスタン双方に配慮する政治を行い、政治的安定を図るだろうが、かりにタリバンが将来、政治に参加することになれば、アフガニスタン外交はパキスタンに傾斜することも考えられる。

米国のジレンマ

中国の中央アジアへの進出を横目に、米国は引き続きエネルギー分野でこの地域に関与

する姿勢を見せている。とりわけ米国が注目しているのは、ガス資源が豊富なトルクメニスタンだ。[注40]

二〇一五年一月九日、トルクメニスタンのグルバングル・ベルディムハメドフ大統領は、一五年の天然ガス生産量を前年比九パーセント増の八三八億立方メートルまで増産し、このうち四八〇億立方メートルを輸出にふり向ける必要があることを政府会合で強調した。

米国は一九九〇年代、トルクメニスタンとウズベキスタンのガス、カザフスタンの石油を、アフガニスタンとパキスタンを通ってインドに送るためのパイプライン建設構想をもっていたことから、アフガニスタンのタリバン政権を支援し、タリバンがアフガニスタンに法と秩序を確立することを期待した。

ところが、九・一一事件の首謀者と断定されたオサマ・ビンラディンをタリバンが匿ったとして、米国がアフガニスタンで「対テロ戦争」を開始し、タリバン政権を崩壊させたことで、この構想は頓挫した。

しかし、二〇一五年一月、トルクメニスタンのベルディムハメドフ大統領が、増産目標

注40　米国のエネルギー情報局（ＥＩＡ）によると、トルクメニスタンは天然ガス埋蔵量で世界第六位、天然ガス生産量では世界第二〇位。

を達成するため、輸出ルートの多様化、とりわけ、同国からアフガニスタン、パキスタンを通ってインドに至る天然ガスパイプライン（ＴＡＰＩ）[注41]の早期建設を指示すると、様相は一変。米国はその後押しをするようになった。

このＴＡＰＩプロジェクトには、インドの国営企業「ガイル」、パキスタンの民間会社「インターステート・ガス・システムズ」が参加している。トルクメニスタン政府によれば、ＴＡＰＩパイプラインは年間三三〇億立方メートルの天然ガス輸送を可能とするだけに、経済成長著しいインドと、電力インフラが未発達のパキスタンにとって有用性の高いものといえる。パイプラインはインドとパキスタンの協力があってこそ成立するもので、長年対立してきた両国の関係改善に役割を果たすことも考えられる。

イランを極度に警戒する米国の新保守主義者（通称ネオコン）たちは、トルクメニスタンのガスがイランのガスに代わるものと考え、インドへのイランのガス供給を停止するべく、ＴＡＰＩプロジェクトの構想を熱心に支持している。トルクメニスタンからイランを迂回するガス・パイプラインの南アジアへの到達は米国内の反対もなく、アフガニスタンが政治的に安定すれば、米国としてはぜひとも進めたいところ。かつて米国の石油企業ユノカルがこの構想に絡んだように、米国の経済界も注目しているに違いない。現に、カザフスタンには三七四の米国との合弁企業、一〇〇近い米国企業の駐在事務所がある。

しかし、資源以外における米国の中央アジアへの関与は、今後、弱まる可能性がある。米国は、タジキスタンのような貧国にも麻薬対策支援をしてきたが、中央アジア諸国の人権状況に改善が見られないため、経済援助には慎重になっている。タジキスタンは米国が軍事援助をしてきた国だが、二〇一二年に反体制派の人物数十人を殺害したこともあった。支援が独裁体制の強化につながってきたというジレンマも米国にはある。

世界が注目する資源大国カザフスタン

カザフスタンは、中央アジア諸国の中でもエネルギー資源が豊富な国で、二〇一四年のBP統計によると、石油埋蔵量は三〇〇億バレル（世界の一・八パーセント）、天然ガス埋蔵量一・五兆立方メートル（世界の〇・八パーセント）を誇る。また、レアメタルを含め非鉄金属も多種豊富に抱え、クロムの埋蔵量は世界一位、ウランの埋蔵量は世界二位、亜鉛は世界六位。それゆえに隣接するロシア、中国はもちろんのこと、欧米企業や日本もこの国に注目している。

注41　TAPIは総延長一七〇〇キロメートルほどで投資額九〇億ドル（一兆八〇〇億円）、二〇一七年から一八年にかけての完工を予定している。

二〇一五年四月二六日、カザフスタンで大統領選挙が行われ、現職のナザルバエフ大統領が九七・七パーセントの得票率で選出された。[注42] ナザルバエフ大統領は七四歳で（二〇一五年の再選時点）、ソ連が崩壊する前の一九九〇年春からカザフスタン元首の地位にある。

カザフスタン憲法には大統領の三選禁止（任期五年）の規定があるにもかかわらず、なぜこうも長きにわたって君臨できるのか——。実は、初代大統領のナザルバエフ氏はこの規定から除外され、実質的に「終身大統領」の状態にある。高齢なことから任期中に次代の実力ある指導者の成長を促すことも、ナザルバエフ大統領に課せられた重要な政治的役割といえるが、いずれにしても、カザフスタンの政治的安定は、ひとえにナザルバエフ大統領の権威主義的な手法によって保たれてきた。

二〇一四年五月二九日、カザフスタンはロシア、ベラルーシとともに、「ユーラシア経済連合（Eurasian Economic Union：ＥＥＵ）」の創設に加わった。

また、ナザルバエフ大統領は、法人税、固定資産税、関税の一〇年間免除などの特権を外国企業に与えることで諸外国に投資を呼びかけ、一定の国々の外国人たちがビザなしでも就労できる構想を掲げた。カザフスタンには、現在一万社あまりの外国企業[注43]がビジネスを展開し、米国、ドイツ、イタリア、フランスとも経済関係の促進を図っている。たとえば、米国の石油企業シェブロンはカザフスタンのテンギス油田やカラチャガナク油田で二〇年間操業しており、こうした長期にわたる欧米企業の協力は、経済関係の多角化を目指すカザフスタン政府が望むところでもある。

その傾向は、東欧諸国との交流にも表れている。ポーランドとの貿易高は年間八億ドル（九六〇億円）に達し、おもに石油化学製品を輸出している。また、チェコには工場の誘致を呼びかけ、そこでつくられた製品がロシアやベラルーシに非関税で輸出されるプロジェクトを推進するようになった。

他方、欧米企業がカザフスタンに対する投資に二の足を踏む要因としては、ナザルバエフ政権の権威主義的手法による人権侵害やメディア規制、また大統領の長期政権に見られるような民主的政治の欠如があげられる。世界の汚職問題に取り組む国際的な非政府組織「トランスペアレンシー・インターナショナル」によれば、カザフスタンは「腐敗認識指数」で世界一二六位と、決してクリーンなイメージをもたれていない。

大統領に再選された直後の二〇一五年五月七日、ナザルバエフ大統領は、カザフスタン

注42　大統領選挙は二〇一六年に行われる予定だったが、石油価格の低迷など景気の先行きが不透明なことから、前倒しされたという見方もある。

注43　カザフスタンは、ＢＲＩＣＳのうち三つの国々（ロシア、インド、中国）と地理的に近接しているが、カザフスタンに対する投資のおよそ半分はＥＵ諸国が占め、米英をはじめとする欧米の石油・ガス会社が活動している。

訪問中の中国の習近平国家主席と会談した。中国は、かねて石油、ガス、インフラ整備などを介した経済交流を行ってきた。この機会に習主席は、カザフスタンとの共同の発展と繁栄を願っていると述べ、新シルクロード構想に見られるようなインフラ整備で両国を結びつける大型プロジェクトを推進し、また人的協力、安全保障協力も進めていく考えを示した。

これに対してナザルバエフ大統領は、中国と貿易、エネルギー、科学技術などの分野での協力をいっそう強化していきたいという抱負を語った。ナザルバエフ大統領は、ロシアとは異なり、カザフスタンへの政治的野心がないと感じられる中国とは、従来通りに経済的結びつきを維持し、充実させたい意向だ。

ユーラシアが警戒するISの脅威

カザフスタンに限らず、経済関係の多角化によって発展を遂げようとする中央アジア諸国は多いが、この地域にはロシアや中国をも巻き込むリスクが存在する。その第一は、ISなどイスラム過激派の動静だ。

二〇一四年八月、ロシア、中国、中央アジア諸国によって構成される上海協力機構（SCO）の対テロ合同軍事演習「平和の使命二〇一四」が行われた。SCO諸国が懸念するのは、ISのような過激派の活動が、今後、米軍の存在感が弱まるアフガニスタンから中央アジア、ロシア、中国に地域的に広がることだ。

中央アジア諸国共通の安全保障上の脅威がイスラム過激派であることは疑いなく、「集団安全保障条約機構（CSTO）」の枠組みによって、その浸透を食い止めようと必死に取り組んでいる。現に二〇一五年三月初め、ウズベキスタン政府当局はISのメンバーがトルクメニスタンからウズベキスタンに侵入しようとしたと発表。トルクメニスタン政府は、ウズベキスタンとロシアからの支援によって、対アフガン国境の警備の強化を図っているが、これら諸国のトルクメニスタンへの安全保障協力は米国からも賛同を得られている。

二〇一四年、アフガニスタンにおけるISを名乗る集団の出現は、国内にイスラム過激派の登場を恐れていたウズベキスタンなどの国に対し、重大な脅威を与えることになった。ウズベキスタンの情報機関「国家安全保障サービス（NSS）」は二〇一五年三月、過激派が国内で大規模なテロを計画していたと述べ、同国の内務省も同月、過激派の掃討を行ったと語った。

二〇一五年三月一八日には、ウズベキスタンのカリモフ大統領とトルクメニスタンのベルディムハメドフ大統領が電話会談を行い、両国共通のテロという脅威に協力して対処していくことで一致。その数日後、アフガニスタンとトルクメニスタンの国境地帯では、ロシアとウズベキスタンの兵士たちの活動する姿が見られるようになった。

その一方で、中央アジアの人権状況は依然として改善されておらず、特にイスラム過激派の脅威が人権抑圧の口実に用いられている点が特徴的だ。二〇一五年二月、キルギスの警察はＩＳの「カリフ国家」創設の訴えに言及したとして、民族的にはウズベク人の説教師であるイマーム・ラショト・カマロフを逮捕した（この逮捕は、彼がキルギスの秘密警察ＧＫＮＢの活動を批判した数日後に行われた）。しかし、彼の説教に立ち会った人物によると、彼はＩＳを否定し、キルギスのムスリムたちは国内にとどまるように訴えていたという。二〇一五年三月二七日、ＧＫＮＢはカマロフ師の弁護士であるフサンバイ・サリエフ氏のオシュのオフィスに強制捜査に入った。さらに、自宅や同僚たちにも捜査の手はおよび、ファイルやパソコンなどが没収された。

キルギスからシリアやイラクのＩＳの活動に参加するのは、民族的にはウズベク人たちで、彼らはキルギスの総人口の一四パーセントを占める。同国では、少数派のウズベク人が南部のフェルガナ盆地地帯に集中し、二〇一〇年には暴力的襲撃を受けておよそ四〇〇人が犠牲になった。社会から疎外されているという思いと、ＩＳなら自分たちを受け入れてくれるだろうという「期待」が、彼らを「聖戦《ジハード》」へと駆り立てている。

二〇一五年四月一〇日、上海協力機構（ＳＣＯ）・地域対テロ機構執行委員会第二六回会議がウズベキスタンの首都タシュケントで開かれ、カザフスタン、中国、キルギス、ロシア、タジキスタンとウズベキスタンの代表が参加した。執行委員会の主任である中国の張新楓氏は二〇一四年のＳＣＯによる協力の成果を高く評価し、今後、テロリズム、分離主義、過激派を封じるための協力をいっそう進めていくことで加盟国が一致したと述べた。

石油価格の低迷とインフレ

中央アジア諸国の第二のリスクは、二〇一四年から顕著に見られる石油価格の低迷である。カザフスタンなど石油の輸出が歳入の大きな部分を占める国にとって、少なからぬ影響をおよぼしている。

二〇一四年、カザフスタンは一バレル八〇ドルで計画していた予算を下方修正しなければならなかった。さらに、ウクライナ問題をめぐる欧米諸国のロシアに対する経済制裁によって、通貨ルーブルの価値が下落。ロシアとの経済的結びつきが強い中央アジア諸国の通貨価値も下がった。結果、輸入品の販売価格を押し上げてインフレをもたらし、金融部門にも打撃を与えることになった。

中央アジア諸国ではロシアへ出稼ぎ労働をしている者たちも多く、その送金に頼っている人々の生活にも弊害をもたらしている。たとえば、タジキスタンでは移民労働者による本国への送金が全GDPのおよそ五〇パーセントも占め、キルギスでも三分の一を構成するが、ロシアの経済的低迷によって本国に帰還する人々も現れるようになった結果、中央アジア諸国の失業率を押し上げている。こうした中央アジア諸国の経済的低迷は、国内の政情不安にもつながりかねない。

二〇一五年三月、カザフスタンのナザルバエフ大統領は、EEU（ユーラシア経済連合）に加盟するカザフスタン、ロシア、ベラルーシが世界的な原油安を背景に経済的な困難に直面していると語った。同大統領は適切な措置をとっているとも述べたが、石油価格の低迷は、カザフスタンのような資源を経済の支柱とする国にとって大いに気がかりなところだろう。

麻薬ネットワークの「闇経済」

第三のリスクとしては、アフガニスタンを軸に中央アジアやロシアなどに麻薬の流通ネットワークが広がっている点があげられる。

アフガニスタンといえば、過去一〇年以上にわたって世界最大の「アヘン産地」として市場を「支配」してきた。二〇一五年に公表された国連薬物犯罪事務所（UNODC）の

報告によれば、アフガニスタンからは三八〇トンのヘロインが生産されているが、このヘロインは同国で栽培されるケシの実から採取するアヘンによって製造されている。アフガニスタン国内では、生産するヘロインのうち五トンぐらいが消費されたり押収されたりするが、残りの三七五トンはバルカン半島を通る「バルカン・ルート」と、さらに北の地域に広がる「北方ルート」によって、西ヨーロッパ諸国やロシアに流出しているという。「バルカン・ルート」はパキスタン、イラン、トルコ、ギリシア、ブルガリアなどのヨーロッパ南東部を通って、西ヨーロッパ市場に入る。西ヨーロッパでは年間二〇〇億ドル（二兆四〇〇〇億円）の取引が行われているとされ、また「北方ルート」はタジキスタン、キルギス、ウズベキスタン、トルクメニスタンからカザフスタンを経由してロシアに入るものだが、北方ルートの「年商」は一三〇億ドル（一兆五六〇〇億円）に上る。[注44]

注44　http://www.unodc.org/unodc/it/drug-trafficking/index.html

アフガニスタンでは、タリバン政権がアヘンの原料となるケシ畑の根絶に熱心だったが、二〇〇一年の「対テロ戦争」でタリバン政権が崩壊し、米軍やＮＡＴＯ軍の駐留を経てもなお、現在、世界のヘロインの九〇パーセントがアフガニスタンで生産されている。米軍は二〇一五年までにすでに一四年間アフガニスタンに駐留を行っているが、ケシ畑を焼き払うなどの措置に積極的な様子は見られない。実際、アフガニスタンにおける二〇一四年のケシ栽培面積は、二一万～二二万ヘクタールと過去最大を記録している。

大麻800キロを押収するアフガニスタンの国境警察
（Photoshot／アフロ）

アビー・マーティンの「いかにアヘンは米国をアフガニスタンに留めたか：ＣＩＡの闇の麻薬の流通（How Opium is Keeping US in Afghanistan: CIA's Shady History of Drug Trafficking)」では、タイトルの通りＣＩＡによるアフガニスタンの麻薬流通への関与が語られている。[注45]

そのおおよその内容は次の通りだ。

〈二〇〇一年に米軍がアフガニスタンに侵攻すると、

アヘン市場は復活し、二〇〇二年初頭までにアフガニスタンのケシの価格はキログラム単位で二〇〇〇年に比べると、ほぼ一〇倍に跳ね上がった。二〇〇一年のタリバン政権時代にアヘンの製造は一八五トンであったのが、二〇〇二年に米国がつくったカルザイ政権の下で年間三四〇〇トンに増加していく。

アフガニスタンでのアヘンの流通は、米軍駐留下でいっそうはびこるようになったが、CIAが違法な麻薬の流通を厳格に取り締まっていると考える人は少ない。麻薬の流通は戦時になると増加する傾向にある。二〇一二年にメキシコの都市シウダー・フアレスの政府職員が『アルジャズィーラ』に語ったところによれば、CIAなど国際的な情報・治安機関は麻薬貿易を運営している。一九五〇年代にCIAは台湾の軍隊を訓練する一方で、東南アジアの「黄金の三角地帯」の麻薬取引に目をつぶっていた。また、CIAは麻薬取引で戦闘資金などをつくるニカラグアの反政府武装組織コントラの活動を支援していた。

CIAがアフガニスタンのアヘンの流通に関わっているという包括的な証拠はない。しかし、アフガニスタンには米軍が駐留して、無人偵察機も飛行しているのに、アフガニスタンのケシから製造されるアヘンの流通を停止させることができないということは

注45 http://mediaroots.org/opium-what-afghanistan-is-really-about/

信じられないことである。麻薬の流通は、米軍のアフガニスタンでの戦費をまかなうために行われ、米軍に麻薬から入る収入は年間五〇〇億ドルであるという説もある〉

ちなみに日中戦争の際、日本は内蒙古や満州、朝鮮などで大量のアヘンを生産・販売し、その収益を戦費に充てていた過去がある（江口圭一『日中アヘン戦争』岩波新書）。

そして現在、前記のレポートの通り、CIAや米軍もまた、麻薬流通を「バックアップ」しているとはにわかに信じがたいが、少なくとも、米軍がケシ栽培の根絶に熱心でないことはアフガニスタンでアヘンの製造が年を追うごとに著しく増加していることからもうかがえよう。

もともとアフガニスタンの主要産業は農業で、小麦や大麦などを育てているが、水が少ない貧しい地域では暑さや乾燥に強いケシを栽培・販売して生計を立てている住民が多い。その利益の一部や、密輸に際して得た報酬が武装勢力の資金源となるなどして、同国の麻薬依存経済は成り立っているというわけだ。

いずれにせよ、アフガニスタンで生産される麻薬は犯罪ネットワークの活動を活発化させかねず、ユーラシア大陸全体の社会的安定を奪う重大な要因であることは間違いない。

第三章　石油争奪戦争と価格下落の影響

イラク・バスラの油田警備隊（2015年８月・ロイター／アフロ）

二〇一三年、一バレル一一〇ドル前後もあった石油価格が、二〇一五年八月には四六ドル台にまで落ちこんだ（ブレント原油価格）。この下落が産油国の経済に大きな影響をおよぼしている。とりわけロシアは、貿易収入の五〇パーセントを石油に依存しており、ダメージは深刻と見られる。同様に、米国のシェール石油の生産者や採掘業者たちにとっても石油価格の下落は痛手となる。なぜなら、シェールエネルギーの開発には一バレルあたり六〇ドル以上ないと採算が合わないと考えられているからだ。

石油の価格が下がった背景としては、需要側の事情が大きい。アジア経済、特に中国経済が停滞し、トラック、鉄道、自動車など輸送手段での石油製品の需要が落ちた。米国のシェール石油生産を理由とする論調もあるが、それだけが理由とは思えない。シェール石油に限っていうと、二〇一五年時点の生産量は一日あたり五〇〇万バレル程度で、世界の石油生産高（日量約九〇〇〇万バレル）の五～六パーセントに過ぎず、決して多いとはいえないからだ。

米国のノースダコタや他のシェール石油、シェールガスを産出する州は採掘や生産のためのインフラ・コストが下がったので、生産を継続していくだろうが、今後、石油価格の低迷はシェールエネルギーへの投資を鈍らせる可能性もある。

いずれにせよ、石油価格の下落にロシアとイラン政府は困惑しているに違いない。ともに石油収入が政府予算の歳入を支え、またガソリンの購入に際して国民に補助金を出すための原資を、石油収入に依存しているからだ。「イスラム国」（ＩＳ）と戦うイラクのアバディ政権は多額の戦費を必要としているが、戦争という事態に対応せざるをえない同政権も、石油の価格低迷に頭を悩ませている（詳細は後述）。

かねてＯＰＥＣ（石油輸出国機構）の指導国として国際原油市場に強い影響力を有してきたサウジアラビアは、石油価格の下落によって、コストがかかるシェール石油を市場から排除してその新たな開発を妨げ、サウジアラビアの石油が再び世界市場を支配することを望んでいる。また同国は、アラウィー派のシリアのアサド政権とシーア派のイラクの「ダワ党」による政権に対し、ロシアとイランが支援していることに強く反発しており、両国に経済的苦境をもたらそうともくろんでいる。

第二章では中東への進出に積極的な中国の姿勢や、麻薬が武装勢力の重要な資金源となっている実態などを紹介したが、本章ではイスラム諸国にとって戦略物資ともいえる石油をめぐる暗闘に迫りたい。

ＩＳと石油経済

イラクにおいてＩＳに参加している人々の背景はさまざまだ。ＩＳとともに、シーア派主体の中央政府に反乱を起こしている人々の中心は、米国がつくったヌリ・マリキ政権の失政や腐敗に憤るスンニ派地域の住民である。サダム・フセイン政権時代の与党であったバアス党の党員たち、スンニ派の部族の民兵たちなどもいて、決してＩＳのイデオロギーに共鳴する者たちばかりではない。

世界の石油業界は、そんな「多様」なＩＳによって、イラク南部のシーア派が支配する油田地帯であり、また石油輸出施設がある都市バスラが支配されることを懸念している。イラク政府軍とＩＳ、またそれを支持する勢力による「イラクの石油」＝経済資源をめぐる戦いをより複雑にするからだ。

フセイン政権は抑圧政治で悪名高かったが、他方で石油をはじめとする輸出業を発展させた面は否めない。現在でこそ政府歳入の八割以上を石油収入が占めているが、もともと同国は一九世紀半ば以来、住宅用の日乾煉瓦《ひぼしれんが》、マッチ、石鹸などの工業部門に支えられていた。その後加わった、皮革製品やデーツ（ナツメヤシの果実）といった産業は、フセイン政権の下で育成されたもので、電力、水道、ハイウェイなどのインフラも整備された。また、中東地域で最も発達した教育制度と医療システムをもっており、二七〇〇万人の国民たちは地域でもかなり充実した社会サービスを享受していたといっていい。[注46]

その傍ら、日量二五〇万バレルの石油がもたらした国庫収入は、フセインに複数の大統領宮殿をもたらせ、彼の親族やその取り巻きたちを潤わせた。また莫大な利潤は対外的な戦争や、シーア派やクルド人など反対勢力の弾圧の原資ともなっていた。このように石油による収入は、フセイン大統領やその周辺に奢侈《しゃし》な生活をもたらし、国内反政府勢力への取り締まりや抑圧、対外的戦争を可能にする資金源となったわけだ。

しかし、この強権政治による開発独裁型の経済発展は、二〇〇三年、米国によるイラク戦争によって終焉を迎えることになる。イラクを占領したブッシュ政権は、最終的にはイラクに日量六〇〇万バレルの石油生産能力をもたせると約束したものの、戦争前の四〇パーセントまでしか回復することはなかった。

さらに、イラク戦争によって国営工場を解体し、それほど多くはなかった私企業を破綻に至らしめ、商業的農業を壊滅状態に追い込んだ。後述するように、フセイン政権時代は石油収入で得た資金で農民たちに補助金を与え農業の振興を図ったが、イラク戦争での米軍による空爆は多くの農地の破壊を伴うものだったからだ。

注46　政府によって行政機構や国営企業などに三〇〇万の人々が雇用され、イラクの中間層を形成していた。

イラク戦争開戦後、フセイン政権の翼賛政党であったバアス党所属の人物を排除する政策は、教育や医療分野にまでおよんだ。

こうして、フセイン政権時代にはバアス党員にならざるをえなかった中間層にとって、米国のイラク戦争は悲劇的な結末をもたらすことになった。彼らは失職状態に陥り、仕事を求めて外国に流出していく人々も現れ始めた。電力、水道、ハイウェイなどの維持管理は極度に悪化していき、国民から快適な生活を奪っていった。

イラクで武装集団が石油施設を襲撃・破壊することは、米軍が占領して間もない時期からすでに行われるようになっていた。

たとえば、イラク北部のスンニ派地域における、豊饒な石油資源を誇るキルクークの油田地帯からトルコに至るパイプラインへの攻撃は、米軍のイラク占領からの四年間で数百回にもおよんだとされるほど多発。こうした攻撃は、スンニ派住民たちの経済状態を考慮せず、苦難を強いる米軍統治への反発として行われたものと見られている。米軍が二〇〇七年にスンニ派部族から奪還したイラク北部のバイジやハディーサの石油施設も、武装集団の攻撃を受けたのち、彼らによる管理の下に置かれた。

ちなみに、イラク北西部のパイプラインと製油所は、米軍がアンバル県（イラク北西部にある、面積最大の県）から離れ、マリキ首相が部族の指導者や武装集団に製油所からの収益を配分することを約束すると、武装集団の攻撃を受けることなく稼働するようになった。こうした平穏な状態は二年間ほど継続したが、スンニ派住民たちによる政府批判のデモをマリキ政権が弾圧するようになると、再び石油関連施設は攻撃にさらされるようになる。これは、地方の部族や住民たちの協力があってこそ、イラクの石油施設の安寧は守られるということを示している。

二〇〇六年の発足後、マリキ政権によるスンニ派社会への冷遇や弾圧政治を機に、二〇一三年以降、イラクからトルコに向かうパイプラインへのスンニ派武装集団の攻撃は再び増加。スンニ派地域の石油生産を行う「イラク北部石油会社」は、石油の生産が五〇パーセントも落ち込んだと見積もった（二〇一三年）。その年の終わりには、ソナンゴル（アンゴラの国営石油会社）が治安悪化のため、ニナワ県のカイヤラ油田とナジュマ油田を放棄。二〇一四年に入って三月二日にはパイプラインが何者かによって破壊された。さらに四月一六日には、石油施設があるバイジの町からのパイプラインが爆発。石油製品が漏れ出してチグリス川を汚染し、その水は一時期、飲料として使えなくなった。

攻撃と弾圧の連鎖

石油施設や石油業者に対する武装集団の攻撃が激化すると、シーア派主体であるマリキ政権は報復するかのように、スンニ派の人々に対する弾圧を強めていった。いっそう多くのイラク政府軍の兵士たちを反政府テロリストの拠点と思われる地域や都市に派遣し、政府への抗議活動や反政府の言論を取り締まった。二〇一三年一二月には、スンニ派の諸都市で発生した抗議運動に対してイラク政府軍が銃器を使った制圧にかかると、武装集団はこれに武力で応戦。二〇一四年一月、抵抗を封じることができなかった政府軍は、ラマディの一部と、ファルージャの町全体という二つのスンニ派住民が多数を占める町から退却していった。

そして、二〇一四年六月、ＩＳの台頭がイラクで顕著になると、イラク北部の都市モスルに駐留していた五万人の兵力を擁するイラク政府軍は、ＩＳの攻勢を前にしてモスルをあっさり放棄し、保有していた武器・弾薬をＩＳなど反政府勢力に「献上」することになった。イラク政府軍が安易にモスルの町を放棄したことは、米国政府に大きな衝撃を与えた。米軍が創設し、将校たちの汚職などの腐敗が著しいイラク政府軍は統制が弱く、軍隊に入った兵士たちの士気も異様に低い。ＩＳにとうてい太刀打ちできる組織ではなかった。

こうしてイラク政府軍は、二〇一四年六月にモスルのような主要都市から敗走していったわけだが、同時にスンニ派地域にある石油施設も放棄していった。同年六月一三日にバイジの石油施設を占拠したのはＩＳではなく、スンニ派部族の武装集団だったが、石油はイラク政府の歳入の重要な部分を占めるだけに、これには政府軍も直ちに反撃を加えることになった。石油製品を大量に生産するバイジはイラク経済の重要拠点でもあり、またその周辺にはハディーサ製油所や、カイヤラとハムラという二つの油田もある。

バイジの製油所を占拠した武装集団は、製油所施設にダメージを与えることなく、製油所の作業員たちにも職務の続行を要求している。同様のケースは、ハディーサの製油所でも見られた。なぜなら、武装集団にはマリキ政権下であずかれなかった石油による経済的恩恵を得たいという思惑があったからだ。武装集団はモスルの住民たちに、安価なガスと食料を提供。電力と水道を回復し、通行上のチェックポイントを取り払った。

こうした武装集団の「施策」は、二〇一四年夏以降そっくりそのままＩＳに引き継がれることになり、石油からの収入は兵士たちの生活を支えるために使われ、また住民たちへの社会サービスなどに用いられて組織が求心力を高めるための財源ともなっている。

フセイン政権時代も、反政府運動が発生すると力による弾圧だけでなく、石油収入を政府の行政職の増加や社会サービスに使ったり、産業や農業に補助金を与えたりすることによって国民の不満を封じるという、「アメ」と「ムチ」の政策を行っていた。こうしたフセイン政権のような姿勢が米国の占領統治やマリキ政権にはないため、石油からの収入を住民たちの生活改善や支援にふり向けるＩＳへの支持を根づかせる一因ともなっている。

石油価格下落の影響

本章の冒頭で述べたように、石油価格の下落は、イラク政府の財政をいっそう困窮させている。ＩＳとの戦費もかさんでいるマリキ政権は二〇一四年の予算を成立させないまま同年九月に退陣してしまった。

一般的に、産油国の財政は石油価格を低く見積もって各年度の予算を組み立てるが、イラクの場合、二〇一五年の予算は一バレル八〇ドル、二〇一三年と二〇一四年の予算は一バレル九〇ドルを想定してつくられた。実際、二〇一四年六月は一バレル一一五ドルで、ＩＭＦ（国際通貨基金）はイラクの二〇一四年の財政は一バレル一〇九・四ドルが損益平衡だと考えていた。

ところが、同年一一月には六月のレベルから三割下落、一バレルあたり八〇ドル台で推移し、イラクの国庫を直撃すると、ＩＭＦは二〇一四年のイラクの経済成長率が二・七五パーセントにとどまると予測。これほどの低成長は二〇〇三年に米軍がイラクを占領して以来、初めてのことだ。

イラク経済にとって特にダメージが大きいのは、ISの台頭による政治的混乱に伴い、キルクークとトルコのジェイハンを結ぶパイプラインが二〇一四年三月に武装集団によって破壊され、イラクはパイプラインの復旧まで月額一二億ドル（一四四〇億円）の収入を喪失したことだ。ISが支配するようになった石油施設や油田もあり、その活動はイラク経済の将来にとって重大な脅威となっている。

また、米軍がつくったイラク政府には、経済に関して計画性がなく、外貨準備もほとんどもち合わせてこなかった。これは、二〇一四年から続く石油価格下落への備えが十分でなく、台頭するISとの戦費もないことを意味する。イラク政府はISとの戦いにどれほどの予算を要するか明らかにはしていない。二〇一四年一一月、イラクのホシュヤール・ゼブリー財務相は、ISがモスルを占領した二〇一四年六月から一一月までの支出は、民兵たちの衣食住や兵器弾薬などによって一〇〇億ドル（一二〇〇億円）に達したとロイターに語っているが、そうしたイラク政府の巨額な財政支出の詳細な使途は不明だ。マリキ政権は正式な予算が成立しないまま政府資金を使い続けていたが、支出の多くが不正に使用された可能性もあり、また監査もほとんど行われなかった。乱脈な支出がイラク国民の生活に重くのしかかるのも、当然の帰結だ。

二〇一四年にアンバル、カルバラー、ワスィトの三県の行政府は財政破綻を表明したが、ISとの戦闘などにかかる費用がさらに膨れ上がる中、イラク政府の経済運営が成功しなければ、他の県も財政破綻に直面することは明らかだ。

石油闇経済

ISとシリア政府が戦闘を繰り広げる一方で、二〇一五年四月二二日付の「インターナショナル・ビジネス・タイムズ」によれば、ISはその支配地域で採れた原油をシリアのアサド政権に現金で売却しているという。石油を必要とするアサド政権と、現金を求めるISが、実は裏では「手を握っている」のだから、闇は深い。

ちなみに、ISが所有する資金は二〇億ドル（二四〇〇億円）で、そのほとんどが石油から得た収入とされる。水面下では、ISが採掘する原油のほとんどをアサド政権が購入し、アサド政権側はISに見返りとして電力を供給し、その「統治」に協力を行う――そんなふしぎな関係が現地では成立している。

また、「ワールド・ブリテン」二〇一五年七月九日付の記事は、イラクのアフメド・ハツジ・ラシード国会議員の話として、ISが一バレル三〇ドルと国際価格よりもはるかに安い額で石油を売りさばいていることを伝えた。

そのひと月ほど前の二〇一五年六月には、ロシアのラブロフ外相が、国連安保理にＩＳの石油売却ルートを追及することを訴え、ＩＳからの石油の購入を断たなければならないと主張していた。米国の同盟諸国が空爆攻撃を繰り広げるのに対し、ロシアのＩＳに対する姿勢は、その財源を根絶するというものだった。シリアの反政府勢力は、ＩＳがシリアの石油やガスの八〇パーセントを支配していると訴えているが、国連は二〇一四年一一月の報告で、ＩＳが一日八四万六〇〇〇ドル（約一億円）から一六四万五〇〇〇ドル（約二億円）を石油から得ていて、それが武器購入やメンバーのリクルートに使われていると述べている。


なお、イラクのバイジの製油所といえば、ＩＳとイラク政府軍との戦闘で奪ったり奪われたりしている「激戦区」だが、今後、もしＩＳがバイジの製油所を破壊した場合、世界の石油市況に大きな影響を与えることになるだろう。[注47] バイジの製油所では、イラクの石油製品の三分の一がつくられているからだ。

こうしたＩＳがもたらす中東地域の不安定は、低迷する石油価格を一気に上昇させる可

注47　二〇一五年五月、バイジの製油所から黒煙が上がった際、その懸念は強まった。

能性があり、ロイヤルダッチシェルなど欧米の石油企業も、中東でサウジアラビアに次いで石油生産量が多いイラクの大部分をＩＳが支配するようになれば、石油価格は再び一バレル一〇〇ドルを超えるとも予想している。[注48]

中東が世界の石油埋蔵量の六〇パーセントを占めるだけに、ＩＳの勢力伸長は深刻な経済的脅威といえる。

戦略物資としての石油

これまで述べてきたように、ＩＳの活動にとって、石油は武器を購入したり、支配下に置いた住民へのサービスの資金源にしたりするなど、まさに戦略物資そのものといえる。

過去、石油を外交戦略的に「武器」として使った事例に、一九七三年の第四次中東戦争の際、ＯＡＰＥＣ（アラブ石油輸出国機構）が行った米国・オランダに対する石油の禁輸と減産がある。

エジプトの先制攻撃を受けて劣勢に立たされたイスラエルに対し、米国はオランダの基地を借りて武器・弾薬などを供給したところ、親米だったはずの保守的なペルシア湾岸のアラブ諸国が反発。石油戦略を発動し、毎月の生産を一九七三年一〇月の時点から五パーセント減らすことを宣言した。日本も、アラブの友好国とはみなされず減産の対象となり、日本への輸出も毎月五パーセントずつ減らされた。結果、トイレットペーパーや洗剤などが店頭から消えてパニックに陥ったほか、米国でも石油の備蓄が減り、世界経済は不況に陥っていった。その後、アラブ諸国の石油戦略に対して米国は国内での生産を拡大し、また「国際エネルギー機関（IEA）」を立ち上げることによって、石油の不足に見舞われた場合、加盟国同士で不足分を補う協定を結んだ。

時代が下って、米国のオバマ大統領は石油を主要な外交的、あるいは戦略的武器にしようとしているが、この戦略は、国際秩序に反する（と考える）国の「石油」の輸出を経済制裁によって制限し、圧力をかけるというものだ。

世界の石油需要は中東で産出される石油に依存する一方、産油国も石油による収入を政府の財源に充てたり、国民の生活水準の上昇に活用したりしてきた。オバマ政権の手法は、敵対する政府、あるいは勢力の石油による歳入の削減を図るのが目的だ。これは世界の石油供給を切り詰めるというリスクを負いながら行われているが、石油を「武器」とするオバマ大統領の方針は、一九七三年の第一次石油危機から得た「知恵」と言い換えることもできるだろう。

注48　http://royaldutchshellplc.com/2015/05/30/opec-under-siege-as-isil-threatens-worlds-oil-lifeline/

闇の流通ルートとイラン制裁

石油＝戦略物資の事例としては、こんなケースもある。

二〇一四年九月二四日、米軍の戦闘機がシリアでＩＳが支配する石油施設を空爆した。その石油施設からつくられる製品は毎日、一〇〇万ドル（一億二〇〇〇万円）から二〇〇万ドル（二億四〇〇〇万円）の資金をＩＳにもたらしていたという。

イラン、イラク、シリア、トルコのブラックマーケットのディーラーたちは、ＩＳの経済活動を実質的に支援し、ＩＳが支配した地域で生産された石油を世界市場に安価で売りさばくことで、その資金づくりに協力している。この闇の流通ルートは一九九〇年代、湾岸戦争後のイラクへの経済制裁を機にフセイン政権がつくり上げたものだ。前記の通り、ＩＳは、アサド政権に対しても石油を売却していると見られていて、だからこそ、オバマ政権はシリアのＩＳの油田や石油施設を爆撃し、その資金源を断つことを考えたわけだ。

だが、その油田の生産高は日量八万バレルと少なく、世界の一〇〇〇分の一程度にすぎないので、空爆が重大な経済的ダメージをＩＳに与えるとは考えにくい。米国の空爆は象徴的な意味しか持たない。そのため、米国はＩＳが押さえたイラクの油田を追撃することはなかった。イラクの油田や製油所はいずれＩＳから奪還して世界市場向けに輸出しようともくろんでいるのだろう。

その一方で、オバマ政権は、日本、中国、インド、韓国、ヨーロッパ諸国にイランの石油を購入しないよう圧力をかけていて、実際、イランの石油生産は一日あたり一〇〇万バレル減った。二〇一一年から一二年は一一八〇億ドル（一四兆一六〇〇億円）だったイランの石油などの収入は、二〇一三年から一四年は半分以下の五六〇億ドル（六兆七二〇〇億円）にまで落ち込んだ（イランの財政年度は三月二一日から翌年三月二〇日まで）。

一日あたり一〇〇万バレルの喪失は世界経済にとっても少なからぬ影響をおよぼしたが、オバマ政権はイラン制裁に強気であり続けた。その背景には米国でシェール石油やシェールガスが生産されるようになったことが大きい。

米国自身、輸入原油への依存度低下が予測され、石油を輸入に依存する日本などの国にも輸出する計画があり、米国の同盟国がイラン石油に頼らないで済む環境づくりも考えている。

ロシアへの締めつけ

米国の石油戦略の発動はイランだけでなく、ロシアに対しても見られる。石油価格下落の影響が大きいロシアに追い打ちをかけたのが、ウクライナ問題に端を発する経済制裁に伴う、石油生産の停滞だ。

二〇一四年にロシアがクリミア半島を併合し、ウクライナ東部に介入する以前、BP、シェブロン、エクソン・モービル、トタル（フランス）など西側の石油企業各社は、ロシアの黒海や北極海の領域で、同国のガスプロムやロスネフチといった半国営や国営企業と協力しながら油田の開発を行ってきた。

エクソンのレックス・ティラーソンCEO（最高経営責任者）は二〇一二年、この採掘に関する協定が西側とロシアの新たな戦略関係の構築につながると誇らしげに語り、安全で環境にも配慮する技術をロシアに提供していくと述べていた。米国企業が関わるこのプロジェクトには、米国政府も歓迎の意を表明。ロシアにとっては既存の油田の生産量が減少する中、北極海など採掘が困難な地域で、西側の先端採掘技術の提供を受けることは「福音」とも考えられていた。

だからこそ、ウクライナ問題が発生すると、ロシアの石油利権に絡んだ欧米の石油企業も、またロシアも、このプロジェクトが経済制裁から免れることを意図した。二〇一四年六月、エクソンのティラーソンCEOは、米国政府指導者たちに対してロスネフチとの契約に制裁を科さないよう陳情するなど、最善を尽くしていることを明らかにした。その結果、ウクライナ問題をめぐる第一次経済制裁では、ロシアの石油企業はその対象とならなかった。

しかし、その後、ウクライナ東部へのロシアの軍事介入が判明すると、同年九月一二日、米国財務省はロスネフチやガスプロムなどロシア企業への採掘技術の移転を禁じることを明らかにした。これは、欧米の先進的な採掘技術に依存していたロシアによる新たな石油採掘の妨害を意図するとともに、ロシアの石油の生産量を減少、あるいは頭打ちにさせることによって、ロシア経済に打撃を与えるようもくろんだものであった。

オバマ政権によるこの措置は、米国とロシアとのエネルギー分野での連携に重大な転機をもたらす。米国による石油採掘技術の移転が停止すれば、ロシア企業は既存の油田の生産量減少を補うことが困難になるからだ。

現にロシアの経済的低迷は、米国政府にとって石油がロシアへの「戦略的武器」になることを裏付けた。石油を媒介とするロシアへの制裁が、ロシア経済の危機をもたらし、それが米国政府にブーメランのように負の影響を与える可能性もあるが、米国のオバマ政権はロシアへの経済的締めつけのほうを重視している。

ロシアとトルコの思惑

欧米による経済制裁への対抗策として、ロシアはトルコとの経済交流に関心を寄せるようになった。

二〇一四年のロシアによるウクライナ・クリミア半島の併合と東部ウクライナへの介入[注49]は、世界の天然ガス事情にも大きな影響をおよぼし、プーチン政権はガスを南欧に輸送するパイプラインの建設計画を断念せざるをえなくなった。その代替策として、ロシアは南欧向けに売却する考えでいたガスをトルコに輸出する計画を立てていた。南欧向けより安い価格で輸出する考えだが、これによって、経済的ダメージを軽減するもくろみだった。

トルコの人口は七七〇〇万人ほどで、世界一七位の経済規模がある。一方、ギリシアは人口が約一一〇〇万人と市場規模はトルコよりはるかに小さく、かねて財政危機が顕在化するなど、ロシアにとって南欧よりトルコのほうが経済的メリットは大きい。

おもに自動車や機械、ニットなどのほか、日本に対しては衣類や食料品（マグロの冷凍フィレやトマトピューレ）を輸出しているトルコが今後、さらなる経済発展を遂げるためには、その原動力となるエネルギー資源がますます必要となる。それゆえ、欧州市場から排除され、価格を下げることを余儀なくされたロシアのガスがトルコに振り向けられるのは、同国にとって歓迎すべきことである。また、米国の対イラン制裁もあって、イランから十分な量のガスを購入できないトルコがロシアからのガス輸入によって受ける恩恵は大きい。[注50]

要するに、クリミア半島やシリアのアサド政権をめぐるロシアとトルコの立場は異なるが、両国はそれぞれの経済的利益を優先させていたわけだ。

ところが二〇一五年一一月二四日、シリア国境でトルコ軍がロシア軍の戦闘爆撃機を撃墜すると、「蜜月」だったはずの関係は一変。プーチン大統領はトルコに対し経済制裁を発令し、トルコの農産物などの輸入を禁止した。ガスのパイプライン建設計画も凍結される見通しで、両国の経済悪化が懸念されている。

欧米企業の草刈り場と化したリビア

二〇一五年二月中旬、ＩＳがリビア中部の都市シルト（スルト）の行政庁舎などを占拠した。この組織がリビアで勢力を今後拡大するかどうか、その先行きは不透明だが、同国では二〇一四年から二つの政府が成立するなど、急速にその秩序を損なっている。

二〇一五年三月二七日、国連安保理は、シリアでの戦闘の停止と「国連リビア支援団

注49　ウクライナ危機は、ＥＵやＮＡＴＯのロシアの歴史的な勢力圏への浸透に対して発生したと考えることもできる。米国のベーカー国務長官は、一九九〇年、ＮＡＴＯの拡大は統一ドイツが最後になるとソ連のゴルバチョフ大統領に約束した。にもかかわらず、その後、ＮＡＴＯは東欧諸国に拡大し続け、ウクライナでもＮＡＴＯ加盟の動きが出ると、ロシアのプーチン大統領がこれに危機感を覚えた。その一方で、ロシアのクリミア半島併合とウクライナ東部への介入は国際法に明らかに違反すると欧米諸国には判断された。

注50　トルコはＥＵ加盟を申請しているが、ロシアとトルコのガスに関する協定によって、ＥＵはトルコの戦略的重要性を認識することになるかもしれない。

（ＵＮＳＭＩＬ）」の活動を二〇一五年九月一五日まで延長する決議を成立させ、リビアに対する武器禁輸を決定した。

リビアでは国際的に認知された政府が東部のトブルクにあるが、それとは別の政権がトリポリで活動し、相互に戦闘を繰り広げている。また、二〇一四年六月に行われた国民議会選挙では世俗勢力が勝利したが、その結果に反発したイスラム勢力が、選挙直後の八月、首都トリポリを武力で制圧した。

こうした二重政権の混迷のさなか、ＩＳによるリビアの石油施設への攻撃が行われ、欧米の石油企業の懸念を増幅させている。二〇一五年三月、リビアのイブラーヒーム・ダッバーシー国連大使はリビアがジェット戦闘機、偵察機などの最新兵器を受領しなければ、ＩＳが勢力を拡大していくだろうとの見方を示した。

リビアはアフリカ大陸最大の石油埋蔵量を誇る国で、ガスの埋蔵量でもアフリカで四番目の国だ。今後の設備投資によっては世界有数の原油生産国になる可能性を秘めていて、ヨーロッパ、特にリビアの宗主国であったイタリアはこれまで、リビアのガスに大きく依存してきた。ヨーロッパに最大量のガスを供給してきたロシアに経済制裁が科される中、リビアのエネルギー資源にヨーロッパ諸国が注目するのは当然の成り行きともいえる。

カダフィ政権時代、リビアのエネルギーはリビア国営石油会社（ＮＯＣ）によって管理されてきたが、二〇〇四年にカダフィ政権への経済制裁が解除されると欧米の企業はリビアのエネルギー資源に一挙に群がっていった。

ところが、そのリビアで二〇一一年、「アラブの春」が始まると、ＮＡＴＯ（北大西洋条約機構）が政府軍を空爆。カダフィ政権は崩壊したが、その後中央政府、軍、情報機関などがまったく機能していない。二〇一〇年には日量一六〇万バレルあった石油生産量は、二〇一四年一一月には七五万バレル、二〇一五年一月には三二万五〇〇〇バレルと劇的に落ち込むようになった。

二〇一三年六月、米国の電力会社ＡＰＲエナジーは、リビアに四五〇メガワットの電力供給事業を始めると発表した。しかし、二〇一四年に国際的に認知された政府が首都トリポリから逃げ出すと、ＡＰＲエナジーもリビアでの操業を停止せざるをえなくなり、一二月には操業を終えたと宣言。中央政府の権威が失墜する中、リビアで活動する外国企業には法的な保護が与えられていない。そうした混乱に直面した外国企業は、リビア国内のどの勢力と交渉してよいかもわからない状態に陥っている。

また、米国の石油企業は、石油から得る利益を武装集団が武器・弾薬に使うのではないかと懸念するようにもなった。

そこで、欧米企業が期待しているのが、ハリーファ・ベールカースィム・ハフタル将軍によるリビアの安定である。彼はトブルク政権側の軍隊の最高司令官だが、一九八〇年から八七年の対チャド戦争でもリビア軍を率いており、その際はナパーム弾や毒ガスの使用を理由に、リビア軍の戦争犯罪に責任があるとされた。

そして、一九八七年にワディ・アル・ドゥムの戦いでリビア軍がチャド軍に敗れると、ハフタルは他の四〇〇〇人のリビア軍の将兵とともにチャドの捕虜として囚われた。チャドで俘虜《ふりよ》生活を送っているうちに反カダフィに転じると、米国の支援によってザイールを経由して一九九〇年から二〇一一年までの間、ヴァージニア州に匿われた。二〇一一年の政治変動によってリビアに帰還したが、その背景にはＣＩＡの策動があったとされる。このように、彼は欧米と強いコネをもつ人物である。

やがてハフタルは「威厳の作戦」を展開し、リビアからすべての「過激派」を排除することを目指すと欧米諸国に訴えるようになった。このハフタルの反イスラム原理勢力の姿勢は、やはりイスラム勢力を嫌う隣国エジプトのシシ政権の歓心を買うものでもある。もっとも、ハフタルも、エジプトのシシ大統領も、穏健なイスラム勢力と「過激派」とを峻《しゅん》別《べつ》する姿勢がなく、「テロとの戦い」によって欧米の支持を得て、欧米企業との経済交流の推進を考えている。

『アラブ石油・ガス・ディレクトリー』（二〇一三年版）によれば、リビアの採掘可能な石油埋蔵量の八〇パーセントは北部のシルト盆地にある。先ほども紹介したが、リビアの石油埋蔵量はアフリカでは最大で、世界でも九番目の規模を誇る。ISが二〇一五年二月中旬にシルトを制圧したことにより、リビアの石油資源を獲得する可能性が浮上し、実際に石油施設周辺にも攻撃を加えるようになった。石油の獲得はISの資金力をいっそう増強させることになるだけに、ヨーロッパなどリビア資源に投資している諸国にとっては重大な脅威となりうる。

欧米諸国はカダフィ政権打倒を支援するための空爆を行ったが、現在のリビアの混迷に介入する姿勢は希薄である。詳細については後述（一七二ページ）するが、カダフィ政権崩壊後、欧米や中国など諸外国は利権の獲得や維持を図った。二〇一一年九月二二日、JICAのサイトに公開された記事[注51]の中で、ジャーナリストの杉下恒夫氏は、「日本はリビアの油虫《ゴキブリ》になるな」と指摘し、カダフィ政権崩壊後の利権をめぐる諸外国の動きが早かったことを紹介。欧米のリビアへの関心はいうまでもなく、その豊富な石油資源に向けられたものである。

注51　http://www.jica.go.jp/aboutoda/odajournalist/2011/263.html

イランの復活とロシアのダメージ

イランとロシアは、米国に対抗する上でまさに同盟関係にあると言えるのだが、そこに水を差しかねないのが、核問題をめぐるイランと欧米諸国の合意である。

二〇一五年七月一四日、イランの核問題をめぐって、安保理常任理事国にドイツを加えた六ヵ国とイランは「包括的共同行動計画」に最終合意をした。米国のオバマ大統領は、「国際社会はイランが核兵器を開発しないことを確かめられる。イランの核兵器製造へのあらゆる道は断たれた」と述べる一方、イランのロウハニ大統領も合意後のテレビ演説の中で、「イランに核兵器を製造する意図がまったくないことをあらためて明言した。つくることは決してない」と断言した。

この合意によって、イランが世界の石油輸出のキープレイヤーとして今後、次第に復活していく可能性が出てきた。イランの石油生産施設はロシア、米国と比べると老朽化しているが、とはいえ、イランの石油埋蔵量はこれら諸国よりも上回ると推定されている。

イラン国営石油会社の元顧問のサラ・ヴァフシューリーは、イランが二〇二〇年までに日量六〇〇万バレルまで生産量を高めるには、外国からのものを含めて七〇〇億ドル（八兆四〇〇〇億円）の投資が油田やガス田に必要だと述べた。エネルギー・インフラに莫大な整備が必要な中、イスラエルやサウジアラビアが主張するように、イランがシリアのアサド政権やレバノンのイスラム勢力ヒズボラ（ヒズブッラー）に巨額の資金援助を行うことは困難といえる。

二〇世紀中ごろは乾燥果実やカーペット、羊毛、綿花などを輸出していたイランには、世界のおよそ一〇パーセントの石油埋蔵量（世界第四位）があり、ロシア市場から締め出された欧米の石油会社がイランに関心をもつのは当然ともいえる。[注52] ロイヤルダッチシェルの最高経営責任者（CEO）であるベン・バン・ブールデンは二〇一五年六月、「イランは大変魅力ある石油資源に恵まれた国である」と発言し、またトタルのパトリック・プヤンヌCEOも、「イランは私の好きな国である」と語っている。

核協議が合意された頃、イランには輸出可能な原油が四〇〇〇万バレルあると見積られており、それらは中国、インド、韓国、日本などに輸出される予定である。イランはその石油の生産量を二〇一五年七月から一年間で大幅に回復させるつもりだったが、石油生産が直ちにイラン経済の立て直しに結びつくかどうか、訝《いぶか》しむ声もある。というのも、これまでに指摘してきたように、二〇一四年から石油価格が下落し、世界には原油がだぶつい

注52　エクソン・モービルはロシア市場から排除され、BP、トタル、ロイヤルダッチシェル、エニなど欧米の主要な石油企業はイラン原油に大きな関心を抱いている。

ている状態だからだ。

それでもなお、長期にわたって石油の国際市場から締め出されてきたイランにとって、制裁解除は「福音」であることは間違いない。制裁が始まった二〇一二年以降、イランの石油輸出は日量二五〇万バレルから一一〇万バレルまで落ち込んだ。制裁前のレベルに戻すために、米国の制裁によって買い控えていた日本、韓国、EU諸国がイランからの石油輸入を復活させることが期待されている。

他方で、イラン石油の世界市場への復活は、ウクライナ問題で制裁を受け、石油などエネルギー輸出が国の経済的支柱であるロシアにとっては、大きなダメージとなる可能性が高い。イランの石油市場への復活は、制裁解除のために欧米との協調を考えさせる機会をロシアのプーチン大統領に与えることになるかもしれない。

イランの石油で誰が潤うか？

株価が大幅下落するなど、二〇一五年は成長率七パーセントを維持するのも困難という見通しが出ている中国だが、それに伴い、今後石油需要がさらに増加する可能性は低いと考えられている。インドネシアやインドなどで自動車のドライバーが増え、ガソリンの需要が高まれば別だが、イラン石油の国際市場への復帰は、さらに石油の「供給」を増やすことになる。

しかし、それは石油を産出しない貧国にとっては、「朗報」である。たとえば、パキスタンは、イランの核協議が進展したことを喜んでいる。慢性的な電力不足に悩み電力の二分の一をガスでまかなっている同国は、イランからガスをパイプラインで引き、さらにインドに輸送する計画を立てていたが、米国の対イラン経済制裁によって、フィリピンのアジア開発銀行（ＡＤＢ）がこのパイプラインへの投資から撤退していた。しかし、制裁解除によって、火力発電インフラの整備を行うことができる。電力の整備は同国の産業力向上に貢献し、中国やインドへのガス・パイプラインによって、その通行料収入も得ることになる。

石油価格の下落は、海運を活発にさせることにもなり、スエズ運河を抱えるエジプトのように、海運による通行料が国家の重要な収入源である国にとって「朗報」となる。

多くのイラン人が居住し、イランとの経済的結びつきが強いアラブ首長国連邦（ＵＡＥ）のドバイも、イランへの経済制裁の解除が円滑な交流の復活につながると考えている。ドバイには数万人にも及ぶイラン人やイラン出身のドバイ国籍の者たちが居住し、イラン人のための病院、小学校、アーザード・イスラム大学の支部がある。またドバイはイラン人による金融取引の中心でもあり続けてきた。

二〇〇三年以降、ＵＡＥにおけるイラン人の数は倍以上（四五万人以上）にも膨れ上がり、資源が乏しいドバイは貿易によって経済を成立[注53]させていた。そのため、ドバイは米国の制裁があってもなおイランとの経済交流を断つことができないでいたが、経済制裁が解除されればイランとドバイの交流はいっそう発展するだろう。

しかし、ドバイを擁するＵＡＥなど湾岸のアラブ諸国は、イランの石油市場への復帰に伴う石油価格下落によって、最も不利益を被るに違いない。石油収入の減少が見込まれるサウジアラビアの株式市場では、イランの核協議が進展すると、株価が大幅に下落した。サウジアラビアは、イエメン空爆などに巨額の軍事費を投じているが、イランの石油市場への復活は、戦費がかさんでいるサウジアラビアにイエメンへの軍事攻撃を見直す機会を与えることになるかもしれない。

注53　ＵＡＥにおいて石油部門がＧＤＰ全体に占める割合は三割強。非石油部門の産業で牽引しているのは、不動産・ビジネスサービス業、運輸・倉庫・通信業、製造業、金融業、レストラン・ホテル業である。

第四章　中東を破局に導いた米国の戦略

米軍に誤爆されたアフガニスタンの病院内部（2015年10月・AP／アフロ）

二〇一五年一月から二月にかけて日本人人質二人を殺害した「イスラム国」（ＩＳ）は、日本社会を大きく震撼させた。ＩＳは、このような残虐非道な活動とともに、豊饒な油田地帯を有するシリアやイラクで統治を確立したという点でも、国際社会から注目されることになった。さらにＩＳは二〇一四年から欧米社会でテロ事件を続々と起こすことにより、世界の安全保障にとって重大な脅威とも認識され、中東イスラム世界はもちろんのこと、欧米諸国など世界の観光産業にも少なからぬ余波をおよぼしている。

二〇一五年一一月、パリの同時テロを受けて、「世界一」の観光大国フランスにも深刻な影響を与えるようになった。フランスはＧＤＰの一割弱を観光業に頼るので、大規模テロが発生するというイメージは大きなマイナスだ。同様に一〇月末にシナイ半島のリゾート地シャルム・エル・シェイクでロシアの旅客機が爆破されたエジプトも、観光業（ＧＤＰの一〇パーセント前後）が経済の支柱なので、テロは大きな痛手だ。シャルム・アル・シェイクからの収入はエジプトの観光業の約三割を占める。特に多かったのがロシアとイギリスからの観光客で、これらの国からのフライトは事件を受けてキャンセルされ、同地では外国人観光客の姿がすっかり消えてしまった。[注54]

これまで述べてきたように、ＩＳの活動には石油などの経済的要因が深く絡んでいるが、本章ではその武装活動や統治の現状をさらに深く考察するとともに、米国の軍事作戦が招いた中東の破局的な「現実」について言及したい。

米国の支離滅裂な戦略

二〇一四年にISの支配がイラク北部に広がり、そこにあるキルクークの油田地帯が脅威に直面するまで、この組織が世界のメディアの話題に上ることはなかった。

一九二〇年から一九七〇年の間、米国は世界の三分の二の石油を産出し、米国の石油会社が国際石油メジャー七企業のうちの五社を占めていたように、文字通り、世界の石油市場を支配していた。ところが、世界の石油に対する需要が高まると、埋蔵量が豊富な中東石油の重要性が次第に増し、ISが一部を統治するイラクも、世界の石油需要にとって重大な国であり続けてきた。

一九七三年一〇月に勃発した第四次中東戦争に伴う石油危機によって、日本もイラク石油の重要性を認めるようになると、同年、三木武夫副首相がアラブ諸国に約束した経済支援三〇億ドルのうち、一〇億ドルはイラクに供与された。イラン・イラク戦争が行われていた時期の一九八三年八月には、安倍晋太郎外務大臣がイラクとイランの両国を訪れてイ

注54　http://headlines.yahoo.co.jp/hl?a=20151113-34806315-bbc-int

ラクの政府要人たちと意見交換を行い、紛争の調停を行おうとした。石油に関しては輸出国・輸入国それぞれに思惑が交錯するが、ＩＳの問題もまた、エネルギー事情をめぐる各国の思惑と密接に関連するものだ。

ＩＳが二〇一四年六月、イラク北部にある世界有数の石油生産で知られるモスルを制圧後、ティクリートとアジル、ヒムリンの油田を攻略すると、米国政府のＩＳに対する関心はいっそう高まった。二〇一四年八月、ＩＳはイラクの石油から一日あたり二〇〇万ドル（二億四〇〇〇万円）を得ているとＣＮＮが伝えるなど、ＩＳに関する世界の報道も、石油に絡められる場面が多くなった。

米国がイラクの石油資源をいかに重視しているか――。それは、一九七六年以降、米国が中東・北アフリカ地域の石油資源を守るために、七兆三〇〇〇億ドル（八七六兆円）の予算をつぎ込んだことにも見られる。

イラク戦争ではチェイニー元副大統領がＣＥＯを務めた石油企業ハリバートンの子会社ＫＢＲが、イラクの復興や石油生産、石油施設の増加のための連邦予算として三九五億ドル（四兆七四〇〇億円）の契約を結んだ。米国の政策立案者たちは、米国の石油企業がイラクの石油に絡むことによって、イラク復興と民主主義の確立に役立つと考えていたためだ。

また、「ニューヨーカー」誌のスティーブ・コール記者によれば、二〇一四年に開始した空爆などを通してＩＳが支配するイラクに米国が介入したのは、エクソン・モービルやシェブロンがイラクの石油利権に絡んでいるからだという。

しかしながら、石油確保を狙う米国の対ＩＳ戦略は支離滅裂なものだった。米国は、シリアで「自由シリア軍（ＦＳＡ）」からＩＳやアルカイダ系とされる「ヌスラ戦線」に参加する者たちがいることを知りつつ、それでも「穏健」と考えるＦＳＡに支援を与え続けた。ＮＡＴＯに加盟し、米国の同盟国でもあるトルコによる訓練を受けていた一万五〇〇〇人のシリアの反政府武装勢力は、米国が空爆するＩＳとも深いパイプをもっているとされる。

そもそも、米国企業の思惑によって始められたイラク戦争が、ＩＳを生み出すきっかけだった。そして米国が「テロとの戦い」を唱えて支援していたシリアの反政府武装勢力のメンバーたちがＩＳに鞍替《くらが》えするなど、実質的にはＩＳの拡大をもたらし、ひいては米国がイラクで獲得した石油資源を危うくさせることにもなっているのは、皮肉というほかない。

フセイン政権時代の人々

二〇〇九年、オバマ政権が最初に米軍の戦闘兵力を撤退させるようになった頃、イラクのスンニ派地域では実に六〇パーセントの人々が失業状態に陥っていた。頻繁に停電を起こす不安定な電力、清潔ではない飲料水、悪化した教育環境など、深刻な問題が次々と発生。機能不全に陥る医療制度、また交通システムの未整備や停滞などの問題も露見するようになった。

そうした中、マリキ首相は二〇一〇年、これらへの対策としてイラクの石油生産を日量六〇〇万バレルに増産する目標を掲げ、社会経済的問題の改善や解決を図ると国民に公約。石油生産量が増えた分から上がる利益は、インフラの整備、荒廃した公共サービス、産業、また農業の整備などに用いられるはずだった。

そして実際、イラクでは二〇一三年の生産量が日量三〇〇万バレルとなり、サダム・フセイン政権時代の日量二五〇万バレルを上回るようになった。政府の歳入も二〇一〇年の五〇〇億ドル（六兆円）から二〇一三年には一〇〇〇億ドル（一二兆円）に膨れ上がり、復興の兆しが見えたかにも思われた。

ところが、増加した石油収入による富が、国民に公平分配されることはなかった。数百億ドルを用いれば、電力システムはイラク戦争以前の状態に回復すると考えられたが、それも実現しなかった。その利益がスンニ派地域に還元されることはなく、国際的な調査機関である「トランスペアレンシー・インターナショナル」によれば、世界で六番目に腐敗がひどい国とされるイラクの政府高官やその取り巻きなどが着服したという。

イラク戦争後、復興計画のほとんどが達成されず、清潔な水道水を利用できるのは国民の七〇パーセント、健全な下水道システムの恩恵を受けるのはわずか二五パーセントの人々しかいない。スンニ派地域では、町村や県の自治体政府の支援を受けながら、政府に対して生活改善を求める運動が次第に大きくなっていった。しかし、マリキ首相がこうしたスンニ派地域の住民たちの訴えに耳を傾けることはなく、その代わり、彼が重要と考える軍事費に予算を投入し、総額四〇億ドル（四八〇〇億円）に上る一八機のF16戦闘機を米国から購入した。この規模は米国のフォートワースにあるロッキード・マーティンのF16を製造する工場を一年間あまり稼働させるのに足りるほど大きなもので、マリキ政権と米国の軍需産業との癒着は明らかだった。

他方で、マリキ首相は政府公務員の数を増やしたが、その恩恵にあずかれたのは、シーア派居住地域のシーア派の人々に限られ、スンニ派住民たちは政府の公職から排除されたままだった。

スンニ派地域には職がなく、また石油収入によって得られる収入もごくわずか。人々の疎外感はいよいよ増幅し、フセイン政権時代のバアス党員に与えられるはずの年金支給も消滅。学校の教師などフセイン政権時代から職にあった者たちには突然の解雇が言い渡されるケースも相次いだ。

こうしたマリキ政権によるスンニ派への冷遇政策に対して、二〇一三年からその住民たちはデモや座り込みなど抗議行動をするようになったが、それはあたかも、二〇一〇年からアラブ諸国で次々に巻き起こった「アラブの春」がイラクで発生したかのような光景だった。抗議活動に対して同政権は治安部隊を出動させ、デモ参加者を逮捕したり、暴力的な排除を展開したりした。武力による弾圧が始まると、イラク戦争の際、米軍が「スンニ派トライアングル」と呼んだバグダッドの北部や西部の地域では、政府軍に対するゲリラ的な武装闘争が繰り広げられた。スンニ派による反撃は、政府役人や警察、さらに政府が派遣した兵士たちにもおよんだ。

イラクのエネルギー資源の九〇パーセントは、シーア派地域である南部と、現在はクルド勢力が支配下に置くキルクーク周辺から産出されるため、スンニ派地域は一見、マイナーな存在に思える。だが、そのスンニ派地域には小規模な油田に加えて、トルコに抜けるパイプラインが通り、バイジの石油施設内には発電所もある。三一万バレルを生産するイラク北部の製油所に電力を供給するなど、イラクの石油生産にとっては欠かすことができない存在である。

米軍のトラウマ

二〇一五年四月、イラク・サラフディン州の知事は、フセイン政権時代のナンバー2であったイザット・イブラヒム元革命評議会副議長がシーア派の民兵組織によってティクリートの北にあるハムリーン山脈で殺害されたと発表した。[注55]

イブラヒム元副議長はバアス党政権の中心的な人物だったが、米軍がイラクを占領すると、彼はイラク北部の都市モスルのイスラム神秘主義の組織をその権力基盤とするようになった。イスラム神秘主義は、瞑想、断食、舞踏などを通じて神との合一を目指す信仰だ。イブラヒム元副議長を支持するイスラム神秘主義の信徒たちは「ナクシュバンディ(イスラム神秘主義の一派)の人々」という武装グループを設立し、米軍やシーア派の民兵組織と戦闘を行っていた。イラク北部や西部では、イラク戦争開始後の一二年間、およそ五〇の武装集団が活動を開始したが、「ナクシュバンディの人々」はその一つであり、二〇

注55　その遺体はDNA鑑定のためバグダッドの米国大使館に運ばれた。ここにも、イラクの主権が米国によって制限されているさまを見てとることができる。

一四年春以降はＩＳと行動をともにするようになっていた。

イブラヒム元副議長が殺害されたとしても、武装集団がまた新たな指導者を戴《いただ》くことは、これまでパキスタンの部族地域でも見られてきた。イブラヒム元副議長は七〇代の高齢で、彼の死が「ナクシュバンディの人々」やＩＳの活動の弱体化をもたらすとは思えない。

二〇一五年四月一六日、米軍のマーティン・デンプシー統合参謀本部議長はＩＳに対する掃討において、先にも触れた石油精製施設があるバイジが米軍の作戦で重要性を高めつつあると語った。バイジはバグダッドの北二〇〇キロあまりに位置するが、この町に対しＩＳは直前の一一日から自爆攻撃や小型武器による攻撃を開始した。

面積ではイラク最大で、北西部にあるアンバル県の県都ラマディの一部もＩＳが制圧するようになり、二〇一五年四月にはラマディ全体もＩＳの支配下に置かれかねないことが報じられるようになった。米軍は二〇一五年二月、ＩＳの本拠地であるモスルへの地上作戦を展開するという作戦を明らかにしていたが、バイジやラマディなどにおけるＩＳの攻勢にてこずるようになり、米軍が思い描く通りにＩＳとの戦いを進めることはできないでいる。というのも、八年にわたってイラクに駐留した米軍にとって、スンニ派の武装集団とラマディなどアンバル県で繰り広げた激しい戦闘は、トラウマになっているからだ。

ＩＳはその残虐非道ぶりで評判が悪いものの、イラクのシーア派主導の政府から冷遇されてきたスンニ派住民たちからの支持を取りつけ、スンニ派住民たちの不満がＩＳの活動の原動力ともなっている。

バイジに対する攻撃は、ＩＳの中の、シリア・アレッポの北やコバニなどで戦っていたチェチェン人の武装グループ「カティーバト・アル・アクサー（ＫＡＡ：アル・アクサー大隊）」が中心に行っていると見られ、ここにもイラクやシリアが、イスラム過激派の「磁石」になっているという国際社会の影の部分が表れている。

米国がバイジを戦略的に重要と見るのは、いうまでもなく、その製油所など石油インフラのためであり、米軍の空爆もラマディよりもバイジ周辺で活動するＩＳに対して優先的に行われている。

人的資源元としてのイラクとヨルダン

二〇一五年八月の段階で、ＩＳはイラクの首都バグダッドから車でおよそ一時間の距離まで進撃した。少なからぬイラク国民たちが、米国が支えるマリキ前首相も所属するシーア派の「アル・ダワ党」主体の政府の社会・経済政策に対し、強い不満を抱いている。とりわけ同国で深刻なのは電力不足で、二〇一五年夏、バグダッドは日中の気温が五〇度前後にまで上がる酷暑に見舞われ、世界でも「最も暑い都市」と形容されるほどだった。ガソリンを購入できるほど経済的余裕がある人々は、自家発電機で冷蔵庫やエアコンを使用できるが、そうではない貧困層は猛暑の中、過酷な生活を強いられていた。

イラクの発電インフラは、一九九〇年代の湾岸戦争後の経済制裁で整備が困難となり、新たな発電所の建設ができなくなった。イラク戦争を契機とする米軍の占領統治後に築かれた、電力確保のためのハイテクを用いた整備プロジェクトも、イラク人にそれを使いこなすだけの知識や技術がなく、有効に活用されないまま、結局電力不足の改善や解決には至っていない。

二〇一五年七月末、バグダッドやバスラなどイラク南部の都市で大規模なデモが発生した。イラクでは一戸あたり平均で一日七時間の電力しか使用できず、デモはカースィム・アル・ファフダーウィー電力相の解任を求めるなど、政府のエネルギー政策に対する不満を強く訴えるものだった。これに対して重武装の警官たちが強硬な手段で制圧した。

ＩＬＯ（国際労働機関）によれば、アラブ・イスラム世界では二三パーセントの若年層が失業状態にあるが、特にＩＳが台頭するイラクの失業率は四〇パーセントと非常に高い。イラクの総人口の三分の二は三〇歳以下、また四五パーセントが一四歳以下で、職のない子供たちが街頭でタバコやガムを売る姿も頻繁に見られるようになっている。街頭で物売りをするストリート・チルドレンの姿は、フセイン政権時代には見られなかった光景である。

米国の占領統治は、石油、ガス、水、通信、農業などを新自由主義経済の発想に基づいて国営から民営に切り替えた。しかし、参入してきた外国資本に政府高官たちから賄賂や手数料などを伴って「経済利権」が売却されるようになるなど、腐敗が目に見えて深刻になった。

もはやイラク国民に対する経済的略奪という点では、政府のほうがＩＳよりもはるかに大規模で、顕著ともいえる状態だ。ＩＳは住民から税金をとり、難民が離れていった土地の売却、さらには石油の密輸を活動資金や「行政」のための財源としているが、腐敗によって得られるイラクの政府高官たちの利益よりもはるかに少ないといえるだろう。

こうした政府の腐敗に対して憤るイラクの若者たちが、ＩＳの主張や活動に惹かれている。イラクの若者たちは、政府の失政によって自らの将来に展望がもてなくなり、ＩＳがラマディやファルージャを制圧するようになると、貧困層の若者たちが特にその進出を歓迎した。

イラクの隣国ヨルダンは、シリアやイラクなどとは異なってＩＳが統治を行う国ではないが、ヨルダンの若者たちがＩＳのメンバーになるのは、やはり経済的な絶望感を背景とし、ＩＳに入ることによって生活の扶助が受けられるからだと考えられている。

衣料品や燐鉱石《りんこうせき》、カリ等を輸出し、原油や自動車を輸入しているヨルダンでは、都市と地方間の所得格差が大きく、貧困、失業率の高さ、社会的疎外感が、同国の安定にとって重大な脅威であり続けている。首都アンマンにあるフサイン・キャンプはシリア難民やパレスチナ難民が生活するところだが、家賃の高騰や仕事の不足で若者たちに希望がなく、麻薬やアルコールが頻繁に使用されている。二〇一五年二月の時点で、ヨルダンからは二〇〇〇人がシリアやイラクでの戦闘に参加し、およそ一万人の支持者たちがいると見られるなど、ＩＳに人的資源を供給する国となっている。

石油以外の収入源

ＩＳ（「イスラム国」）はその名が示す通り、単なる暴力統制だけを行う集団ではなく、国づくりを目指す組織で、そのためには住民たちに食料、エネルギー、水、さらには教育や医療を供給するなど、行政行為の実現を視野に入れている。支配地域が拡大・継続する限り、ＩＳは武器・弾薬を購入する以外のための資金調達をしなければならない。ＩＳの「首都」であるシリアのラッカ統治では、学校のカリキュラムに介入し、宗教警察を立ち上げて、実際に予算を必要とする「行政」を行っている。

ＩＳでは、これまで指摘してきたように石油売却による収入が重要な財源となっており、シリアやイラクでは今後も政府軍や他の民兵組織との間で、油田や製油所を奪ったり、取り返されたりの攻防を続けていくに違いない。石油施設の稼働のためには、そこで働く技術者も確保しておかなければならず、ＩＳは彼らの「忠誠心」をつなぎ止めるべく、経済的恩恵も与えなければならない。

二〇一五年七月二六日、イギリスの主要紙「ガーディアン」は、ＩＳとトルコ政府が石油の取引を直接行っていることは否定できないと報道した。

同記事によれば、この関係は同年五月、ＩＳの石油売買に関して責任を負っていたアブー・サイヤーフが米国の空爆によって殺害された後、彼の自宅から押収された文書やパソコンのデータなどから判明したという。チュニジア人のアブー・サイヤーフは、二〇一三年半ばからシリア東部の油田からの密輸に取り組むようになり、二〇一三年の後半からの六ヵ月間でＩＳは一〇〇万ドル（一億二〇〇〇万円）から四〇〇万ドル（四億八〇〇〇万円）の収入を得ていたという。

こうしたトルコとＩＳの関係は、トルコからシリアに向かう武装集団のメンバーの動きをトルコが押さえてこなかったことも相まって、欧米諸国政府から批判されることになった。

前章でも紹介したように、シリアのガスや石油をISが支配するようになると、シリア政府もISからエネルギー資源を購入せざるをえなくなった。そうした事情から、アサド政府軍とISが軍事的に激しく衝突することはなくなり、ともに米国がバックに控える「自由シリア軍（FSA）」などの共通の敵と戦っている。アサド政権にとって、FSAなどと戦い、国民の生活を支えるための原資となるエネルギー資源は欠くことができない。

ISにしてみれば、シリアの石油資源よりも、イラクのそれのほうが、はるかに量が多く貴重な収入源となりえる。しかし、イラクの石油増産のために必要なインフラの建築資材を、欧米と戦うISが調達するのは、容易ではない。

そこで目下のところ、ISの財源として重要なのは、その支配下で暮らす住民からの税の取り立てであり、クリスチャンからは収入や財産の一〇パーセントをとるというように、イスラムに伝統的な人頭税を徴収している。その他、犯罪的活動による収入——たとえば、制圧した都市などにある考古学的遺跡や博物館の展示品の売却、武器・弾薬の流通に関わる仲介料、偽札づくりなどもあるとされる。さらには、配下の商店主から営業の安全を保障する代わりの「みかじめ料」のようなものをとっている。

それに加え、ISの暴力を恐れたクリスチャンたちが放棄した土地の売却、米軍が供与したイラク政府軍の武器・弾薬の転売、制圧した地域の銀行からの紙幣の強奪などがあげられる（モスルの銀行からは四億三〇〇〇万ドル〈五一六億円〉を奪ったとも見られている）。

二〇一五年、二人の日本人が人質となって身代金を要求されたが、誘拐もまた、ISの資金源の一部と化している。誘拐によって得た金額は数千万ドルと見られ、米国人ジャーナリストのジェームズ・フォーリー氏の場合、身代金一億三二〇〇万ドル（一五八億四〇〇〇万円）を要求した。ヨーロッパ諸国とは異なり、米国は身代金の支払いに応じない傾向があるが、二〇一五年の人質事件ではこれに日本の安倍政権も従った。

しかし、同年六月、米国のオバマ大統領はISによる一連の人質の斬首などの事案を受けて、人質の家族が身代金を払ったり、政府や家族が犯人側と交渉を行ったりすることも認めるという考えを示し、従来の方針を変更した。ISの側でもこうした米国の方針転換を受けて、身代金をさらに要求することが危惧される。

富裕層からの資金援助

ISの重要な資金源としては、アラブ湾岸諸国の富裕層からの資金援助もある。彼らのような「篤志家」はこれまで、一九八〇年代のアフガニスタンにおける対ソ戦争で戦うムジャヒディン（イスラムの聖なる戦士たち）や、一九九〇年代にアフガニスタンでシーア派の武装集団を攻撃するムジャヒディン・グループに資金を与え、戦費を支えてきた。

だが、こうした湾岸諸国の「篤志家」による武装集団への資金提供が内戦をいっそう激化させ、悲惨なものにしていることは明らかだ。シリアの武装集団に与えられたはずだった資金もさまざまなルートを通じてＩＳに流れるようになり、サウジアラビア・マネーはＩＳに直接与えられているという指摘もある。二〇一四年三月、サウジアラビア政府はシリアに赴いた者を厳罰に処すると宣言し、またＩＳを「テロ組織」と断定したものの、自国からシリアやイラクへの私的な資金の流れは止めることができないでいる。

米国の著名な研究機関「ランド・コーポレーション」によれば、ＩＳは支配地域にイラクやシリアの銀行を置き、これらの銀行口座やイスラムに伝統的な送金システムである「ハワラ」を利用して、組織への送金を行っているという。

ハワラとは、まず「送金者」から現金を預かったハワラ業者が、この「送金者」に受け取り用の暗号を与える。すると、「送金者」は外国などにいる「受取人」にこの暗号を教え、「受取人」はこの暗号を現地の「ハワラ」業者に伝えることによって直接現金を受け取るというしくみだ。先進国の銀行の送金システムよりもはるかに簡便で送金料も安いため、中東や南アジアなどでは利用者が多く、米国などは過激派の資金源になるとして警戒している。

もともと、サウジアラビアが国教とするワッハーブ派とＩＳのイデオロギーは厳格という点では相通ずるものがあり、イラクのマリキ政権（シーア派）の下で虐げられた同国スンニ派に対する同情が、両者の中では根強い。米国がイラクで成立させたシーア派主体のマリキ政権に対する反発によって、各地のスンニ派の「篤志家」たちからＩＳに資金が集まったとしても不思議ではない。

「ダム支配」と「食料確保」

ＩＳは二〇一四年五月、シリア北部のユーフラテス川のタブカ・ダムを支配すると、電力の増産によってシリアのアサド政権に電力を売却するようになった。他方、イラクではファルージャ・ダムのシーア派地域への水流を抑えることでその地域の灌漑農業を妨害したり、逆にダムの水流を増すことで敵対する勢力が拠点とする地域に洪水を引き起こしたりもしている。[注56]

注56　ちなみに、ＩＳが統治するイラク北部のモスル・ダムは、米軍技師が二〇〇六年に「世界で最も危険なダム」と形容するほど老朽化して水漏れがひどく、イラク政府もドイツの業者に修復工事を請け負わせていたが、ＩＳの台頭でそれも頓挫することになった。

ダムだけでなく、ＩＳはイラクの食料にも目をつけている。

ＩＳ進出以前、イラクの食料配給制度は政府歳出の五分の一を占めており、二〇〇八年に国連世界食糧計画（ＷＦＰ）が行った調査ではイラク人口の半分あまりが政府からの食料支援に依存していた。ＩＳの支配地域はイラクの小麦生産の四〇パーセントを構成するが、イラクの小麦の全消費量は輸入に五〇パーセントを依存するので、ＩＳ支配地域が生産する小麦はイラクの全消費量の二〇パーセントということになる。

ＩＳの支配地域は、シリア、イラクともに内陸なので、小麦の生産が食料確保のカギを握っている。ただし、輸入に頼ることができないために、その増産を目指すことを考えなければならない。食料確保はＩＳがその統治の正当性を訴えるうえで必要不可欠なものであるし、そのメンバーや支配下の住民たちの生活を支え、組織を存続させるためにも欠かせないものだ。略奪だけでメンバーや支配地域の住民たちの生活を支えることは到底できない。

その傍ら、ＩＳは前記の人頭税以外にも、支配下の農民たちから収穫の一〇分の一を宗教税である「喜捨《ザカート》」として徴収するようになった。こうしたＩＳによる手法に対して、農民たちからは宗教を大義とする「泥棒」のような行為であるという不満の声が上がっているが、ＩＳの指示に従わなければ殺害されるという恐怖も農民は抱えている。

他方で、農民たちは、ＩＳに提供しない農作物をＩＳが運営する穀物倉庫に運び代金を得るか、あるいはごく少数の穀物業者[注57]に売るしかすべがなく、それもまた農産物の価格を押し下げ、農民たちの生活を零落させている。モスルには一〇〇万人以上の住民がいるが、かりに飢餓に苦しむ住民たちがＩＳに反発したら、大混乱を招くだろう。食料の安定供給はＩＳにとって「アキレス腱」ともいえるファクターだ。[注58]

軍需関連企業が手にする膨大な利益

二〇一四年八月、ＩＳへの空爆が始まると、間もなく米国防総省は、新聞やウェブサイトでＩＳとの戦闘業務を請け負う民間軍事会社（ＰＭＣ）に対し、物資の調達、軍事訓練、行政、警備、インフラの維持などの活動を行うことを呼びかける広告を出した。その大義名分はイラクのアラブ、クルド、スンニ派、シーア派の間の緊張を緩和させ、「平和や安定をもたらす」というものだった。この時点で、イラクで活動するＰＭＣの社員（傭兵など）たちは、五〇〇〇人に上っていた。

米国のＰＭＣの社員たちは、イラク軍に米国製新兵器の扱い方を教え、無人偵察機、攻

注57　穀物業者たちは、ＩＳのイラクにおける事実上の首都であるモスルに農産物を輸送し、ＩＳに売却している。
注58　http://www.iraq-businessnews.com/tag/food-security/

撃用ヘリ、ミサイル発射などの運用技術も伝達・訓練している。さらに警備、分析官、運転手、料理人などの職もPMCは請け負うようになった。米国のPMCにとってISとの戦いは、莫大な利益が見込めるビジネスチャンスであるともいえる。

そうした中、米軍の軍事活動の下請けも行うPMCのブラックウォーター社は、多くのイラク人たちの憎悪の的となり、二〇〇四年三月にはファルージャで社員の遺体が橋の欄干にぶら下げられるという衝撃的な事件が発生。米軍はこれに強く反発し、六〇〇〇人のイラク市民が命を落としたとされる「スンニ派武装集団掃討作戦」実行のきっかけとなった。

同社は二〇〇七年、バグダッドのニスール広場で一七人を殺害してイラクでの契約を打ち切られた後、二〇〇九年に「Xe」と名称を変更し、さらに二〇一一年には「アカデミ」という「学術的」な名称となり、一見、軍事的な性格とは無縁になったような印象を与えた。

しかし、二〇一四年一〇月、「アカデミ」はCIAと二億五〇〇〇万ドル（三〇〇億円）の、また国務省とは九二〇〇万ドル（一一〇億四〇〇〇万円）の契約を結んでいることが報じられる[注59]など、依然として米国の軍事行動の下請け業務を行っている。

二〇一五年八月の時点で、イラクには三五〇〇人の米軍の兵力が駐留している。それに対してPMCの社員数はあまり話題に上ることがないが、六三〇〇人の関係者がイラクで活動していると推測されている。米国防総省の契約とは別に、国務省は大使館の運転手や通訳などを民間企業に委託していて、イラク戦争のピーク時には一六万三〇〇〇人のPMCの社員たちが活動しており、それに比べるとISとの戦いでは少ないといえるが、増加傾向にある。

PMCのSOSインターナショナル社は、二〇一五年六月、イラクの国防省やクルド自治政府に対し軍事顧問を一年間派遣する契約を七〇万ドル（八四〇〇万円）で結んでいる。また、同社は政治顧問としても一人をクルド自治政府に、また五人をバグダッドのイラク政府に送り込み、政治の意思決定に深く関わらせているが、それの多くは現地に比較的「受けがよい」と考えられるイラク系米国人である。

他方、従来型の軍需産業も、ISとの戦いで利益を上げていることはいうまでもない。イラクやシリアの空爆が始まった二〇一四年八月には、ロッキード・マーティン、ボーイング、ジェネラル・ダイナミクス、レイセオン、ノースロップ・グラマンの株価が軒並みアップするなど、米国経済の戦争依存体質には変化がない（二〇一五年には連邦予算の五五パーセントが軍事費に用いられているのに対し、教育に割り当てられている予算はわずか六パーセントであ

注59　https://reason.com/blog/2014/10/13/ex-blackwater-chief-wants-mercenaries-to

る)[注60]。

ISとの戦闘で、ロッキード・マーティンは数千基とも推定されるヘルファイア・ミサイルを受注し、AMジェネラルはイラクに駐留する米軍に一六〇台の軍用車両を売却した。

ISの脅威に直面しているヨルダンについて、二〇一五年三月、「多連装ロケットシステム」をロッキード・マーティンから購入する計画があると報じられたが、これは同社に一億九二〇〇万ドル(二三〇億四〇〇〇万円)の利益をもたらす。ヨルダンはさらに、米国から沿岸警備船二隻を八〇〇〇万ドル(九六億円)で購入する予定であるという。

ステルス爆撃機などの戦闘機製造部門は、ロッキード・マーティンの利益の一一パーセントを構成するにすぎないが、ヨルダンなどがISとの戦争のために購入しようとしているミサイルやロケットは、それを上回る一七パーセントを構成する[注61]。

ISとの戦争は、軍事関連企業の株主たちにとっても多くの利益を獲得する機会となっている。

米国の莫大過ぎる浪費

イラクのハイダル・アバディ首相は、二〇一四年一一月三〇日、イラクの四つの師団で、存在しない数万人の兵士たちに給与が支払われていたことを明らかにした。こうした架空の給与は、それぞれの師団の将校たちが着服していたと見られている。軍の腐敗や規律の乱れが、二〇一四年六月にＩＳのモスル支配を許す、重大な一要因となったことは間違いない。アバディ政権によるイラク政府軍への調査が進めば、いっそうの腐敗が暴かれることになるだろう。

ちなみにＩＳはモスルを占領した際、大量の米国製の軍用車両、戦車、武器、弾薬を獲得したが、これは米国のイラク戦争のための戦費が「浪費」されたことを意味する。米軍は現在、ＩＳが獲得・使用している米国製の戦車や装甲車を相手に空爆・破壊を行っているからだ。

また、オバマ政権はＩＳが米国の安全保障にとって脅威であると捉え、二〇一四年八月、ＩＳの拡大が進むイラクの空爆を再開した。だが、振り返ってみると、父ブッシュ政権は一九九一年に、またクリントン政権は一九九八年にというように、これまで米国は再三にわたってイラクに空爆を仕掛けてきたが、イラクは未だ安定とはほど遠い状態のままだ。これは、米国がイラクに対して過去とってきた軍事作戦の「無意味さ」を如実に物語っている。

注60　http://www.mintpressnews.com/isis-military-contractors-gravy-train-profits/197842/
注61　http://ww.fool.com/investing/general/2015/03/22/jordan-and-lockheed-martin-taking-fight-to-isis.aspx

一方のアバディ首相は、世界的な石油価格の下落がイラク政府予算を半減させ、その結果、ＩＳとの戦いにも支障をきたすようになったとしきりに訴えるようになった。ＩＳと戦うシーア派の民兵の給与や装備をイラク政府が負担し、イラク財政が破綻の危機に瀕していることを、欧米のメディアは指摘している。

以上見てきたように、軍事予算はアメリカの軍産複合体を潤しているが、その反面、米国の財政赤字を膨らませており、必ずしも国民全体の利益となっているとは言い難い。アメリカの「対テロ戦争」の舞台となったイラク、アフガニスタン、イエメンでの戦いで、アメリカは数兆ドルにもおよぶ赤字をつくったと推定されている。ノーベル経済学賞を受賞したジョセフ・スティグリッツは、イラク戦争では三兆〜五兆ドル（三六〇兆〜六〇〇兆円）の軍事費が最終的には使われることになると見積っている。要するに、イラク戦争では米国民の福利とは全く無縁の莫大な予算がかけられたことになる。

イラク戦争は、ブッシュ大統領の主張とは異なり、世界を安全にするどころか、世界的規模でテロを増殖させ、中東イスラム世界を破局的状態に追い込んでしまった。サダム・フセイン政権の「大量破壊兵器保有」という事実とは異なる根拠をもとに始められた「対テロ戦争」は、実はブッシュ政権に影響力をおよぼしていた軍産複合体や石油産業など経済界の利益追求が動機となって始められた戦争だといっても過言ではない。ブッシュ政権はイラク開戦前、「イラクとアルカイダは協力関係にある」と訴えたが、それにも正当な根拠がないことが明らかとなったほか、戦争開始後、大量破壊兵器が見つかることもなかった。

米国のＣＩＡ関係者によれば、アフガニスタンにいるアルカイダはわずか一〇〇人に過ぎない。にもかかわらず、一〇万人を超す米軍がアフガニスタンに駐留する経費は年間三〇〇億ドル（三兆六〇〇〇億円）とも見積られている。かりに本当に現在アフガニスタンにアルカイダのメンバーが一〇〇人いるとした場合、アメリカは一人のアルカイダのメンバーに対して、一〇〇〇人の兵士と年三億ドル（三六〇億円）を使っていることになる。

クルド自治区を米国が守る理由

イラク戦争によって米国の軍需産業が大いに潤う一方、最も利益を得たイラク国内の勢力はクルド人たちであった。

トルコは一九二三年に共和国となって以来、国家社会が「トルコ人」によってのみ構成されるという「民族国家」としての立場を強く訴え、国内のクルド人たちがクルド語を話したり、クルド語で出版活動をしたりすることを厳格に禁じていた。

こうしたトルコ政府への反発から、トルコ国内ではPKK（クルド労働者党）などの反政府武装勢力が一九七〇年代から活動し、トルコ政府軍との戦闘を繰り返してきた。その一方で、イラク北部に設けられたクルド自治政府は、トルコ国内でのクルド人に対する人権抑圧があるにもかかわらず、トルコのエルドアン政権との経済交流を進めている。

クルド自治政府は、湾岸戦争翌年の一九九二年に自治を獲得して以来、経済発展と平和を維持、享受してきた。情勢は安定し、民主的かつ寛容な社会を築くようになり、それはスンニ派とシーア派の宗派対立や、ISなどの暴力が席巻《せっけん》しているイラク国内とはまったく異なるものだった。クルド自治区がISの暴力が席巻するイラクからの独立を考えるようになったのも、当然の成り行きかもしれない。

二〇一四年六月、ISがモスルを制圧し、その脅威がクルド自治区に迫ると、同年八月末、米国やドイツなどの国々は自治区政府軍やその民兵組織「ペシュメルガ（「死を前にして」の意味）」に武器を供給するようになった。

それと同時に、自治区政府の最高指導者であるバルザニ議長は、自治区で採掘される石油収入はイラク政府に与えることなく、独占していくこと、また独自に武器の調達を行っていくことも明らかにするなど、ISとの戦争によって、イラクのクルド自治区はいっそう独立色を強めていくことになった。
二〇一四年一二月のイラク中央政府とクルド自治区政府との合意でも、クルド自治区地域で採掘される石油（日量五五万バレル）から得られる収入は、すべてクルド自治区政府のものとなった。さらに、イラクの豊饒な油田キルクークから産出される石油（日量三〇万バレル）をクルド自治区からトルコに抜けるパイプラインで輸出することが決められた。

このように、クルド自治区が続々と経済的利益を得ていく背景には、米国の後押しがある。米国は自らつくったイラク政府に圧力をかけてクルド自治区に経済的利権を与えている印象だ。米国は、石油資源が豊富で、政治的安定があるクルド自治区に戦略的重要性を認めており、その政治的安定が損なわれるようなことがあってはならないと考えている。米国がＩＳに対する空爆を行うようになった動機には、クルド自治区を守るという目的もあった。米国にとってクルド自治区は、安定した数少ない中東での「同盟国」である。クルド自治区の「首都」エルビルには、米国の領事館があり、米国政府、企業関係者たち数千人が居住している。米国の石油企業のエクソン・モービルやシェブロンも、クルド自治区内で石油の採掘、生産事業を行い、それに付随する建築業者、運送業者、食料品業者などの企業も活動している。

米国は、ISに対して軍事的脆弱《ぜいじゃく》ぶりを見せる不安定かつ腐敗が顕著なイラク中央政府より、経済利権を確実に守ってくれるクルド自治政府のほうをより信頼している。

ロシア軍需産業の中東進出

二〇一一年、UAEのドバイで行われた航空ショーでは、ロシアのミグ29戦闘機がデモ飛行を行っていた。結局この時、UAEは米国とF16戦闘機の購入契約を結んだものの、ロシアはかねて武器市場としての中東に強い関心を抱いており[注62]、その後、二〇一三年七月にはムスリム同胞団出身のモルシ大統領の政権をクーデターで倒したエジプトの軍政と、二〇億ドル（二四〇〇億円）の武器契約を締結した。

ロシアの中東への経済的進出は、「アラブの春」によって米国の影響力が相対的に弱まった間隙を縫って行われているが、ここに至るまでには以下のような紆余《うよ》曲折があった。

一九七三年の第四次中東戦争の際、アラブ諸国はソ連から供与された武器をもって戦闘に挑んだが、イスラエルに勝利することができなかった。一九七九年には、ソ連軍がアフガニスタンに侵攻すると、米国、パキスタンやサウジアラビアなど湾岸諸国はこれに強く反発。以後、中東でのソ連の影響力も退潮せざるをえなかった。

また、一九九〇年になって、ソ連の友好国であった南イエメンも北イエメンとの合邦を果たし、ソ連軍はアデン港から離れた。さらに、一九九一年の湾岸戦争でサダム・フセインのイラク軍が多国籍軍によってあっけなく敗北を喫すると、ペルシア湾岸のアラブ諸国は、米国製の兵器に関心を抱くようになった。しかもこの年、ソ連は崩壊。ソ連の中東地域における影響力はいったん断たれた上に、二〇〇三年、米国によるイラク戦争が起こると、ロシアはイラクという中東での重要な「顧客」を喪失。以後、シリアとアルジェリアがロシア製武器の主な輸入国となっていった。

しかし「アラブの春」が起こると、状況は一変する。サウジアラビアや他のアラブ湾岸諸国が武器の購入先の多角化を図るようになったことで、ロシアの役割が復活したのだ。

それは「アラブの春」を機に、親米のスタンスを頑《かたく》なに貫いていたエジプトのムバラク政権を、欧米諸国があっさり見捨てたことが主な背景だった。湾岸のアラブ諸国は、ロシアによるシリアのアサド政権への武器移転には反発していたが、ロシアの対シリア政策は欧米諸国とは異なり、アサド政権を支えるという点では一貫している。欧米諸国がペルシア湾岸のアラブ諸国の人権問題を批判することによって、体制が動揺することもアラブ諸

注62　ストックホルム国際平和研究所（ＳＩＰＲＩ）によれば、二〇〇八年から一二年にかけて、中東と北アフリカの輸入全体に占めるロシアの武器の割合は、二七パーセントを占めていた。

国は懸念しており、これも無関係ではないだろう。

ロシア製武器の中東進出は拡大の一途をたどっている。

エジプトの場合、ナセル政権時代にはソ連との軍事的結びつきが強かったが、一九七〇年にナセルが死去し、サダトが後継の大統領になると、一転して米国との軍事協力を推進していった。その後、一九八一年から二〇一一年にかけて、ムバラク政権時代に米国との軍事的協力関係はいっそう発展し、M1エイブラムズ戦車の製造ライセンスをエジプトが取得するなど、軍事的にも米国の信頼を得たことを鮮明に示した。

そして二〇一三年七月、軍部がモルシ政権をクーデターで打倒すると、米国はエジプトへの主要な武器の移転を控えるようになる。すると、エジプトの軍部は兵器の購入先としてロシアを重視。エジプトとロシアの武器取引には、サウジアラビアが融資を行っているのだ。

イラクに関しては、二〇一二年から一三年にかけて防空システムの構築や戦闘ヘリの売却に際し、ロシアがヨーロッパ諸国の軍需産業会社に競り勝って契約を得ている。

サウジアラビアは二〇〇八年以来、ロシアから一五〇両のT90戦車とBMP3装甲車を輸入しており、さらに一〇〇機のMi17、Mi35戦闘ヘリも購入。これはつまり、シリアのアサド政権の打倒を考えている一方、同政権を支えるロシアと良好な関係を築きつつあることを意味する。

ＳＩＰＲＩ（ストックホルム国際平和研究所）によれば、二〇〇八年から一二年にかけてＵＡＥの武器の総輸入の七パーセントをロシア製が占めた。ドバイやアブダビなどにはロシア人が少なからず訪問・滞在してＵＡＥとの関係を強化するようになっている。ＵＡＥの王族の中には、ロシアのプーチン大統領とロシアの森に狩猟に出かける人々もいて、個人的に親密な関係も築くようになった。

ＩＳとの戦いにおいて最前線に位置するアルジェリアも、ロシアにとっては兵器の重要な輸出先である。ＳＩＰＲＩによると、二〇〇八年から一二年までの間、ロシアの武器輸出の実に六〇パーセントがアルジェリア向けだった。また、リビアのカダフィ政権が購入したロシア製の小型武器やロケット・ランチャーは、アフリカの武装集団やエジプトの「イスラム国・シナイ州」などで用いられ、北アフリカや中東の過激な活動を支えている。

疲弊する中東の周辺諸国

米国やロシアの武器が中東における紛争を混迷させる中、二〇一五年一月、ＩＳによる日本人人質事件が発覚した。その際、日本政府とＩＳとの交渉の窓口になったヨルダンは、シリアとイラクでのＩＳの台頭によって深刻な経済的打撃を受けている国の一つだ。

ＩＳの活動が顕著に見られるようになった二〇一三年、ヨルダンの財政赤字は三〇億ドル（三六〇〇億円）で、それは全財政の三〇パーセントにも上った。イラクとシリアでの戦争が、ヨルダンからの輸出や両国に出稼ぎに行っていたヨルダン人からの送金を滞らせたことが一因だろう。また、主にシリアからやってきたおよそ一〇〇万人の難民たちの生活を支えることも、ヨルダンの財政に重くのしかかっている。大量の難民たちがその後、キャンプを離れアパートなどを探すようになったため不動産価格を押し上げ、またシリア難民がヨルダン国内で安価な労働力として従事するようになると、ヨルダン人たちの失業率も上昇していくことになった。

同国の観光産業も損害を被っている。二〇一〇年一一月には一四万二〇〇〇人いた外国人観光客が、二〇一五年四月には七万八〇〇〇人とほぼ半減。観光の目玉ともいえるナバテア王国の首都であった世界遺産ペトラを訪れる観光客も、二〇一四年には二〇一〇年の四分の一と大きく落ち込んだ。

二〇一五年にヨルダン政府が公表した失業率は一二パーセントだが、若者に限れば三〇パーセントとも見積られている。大学を卒業しても一六パーセントが無職というありさまで、公務員の採用（二〇一三年）には、六四〇〇人の募集に対して二〇万人の学生たちが応

募したという。[注63]

エジプト政府も「アラブの春」の前年の二〇一〇年から一四年にかけて、観光収入が四〇パーセント減少したことが明らかになった。二〇一五年前半には前年同期に比べて三・一パーセント増加したが（金額にすると一億ドル〈一二〇億円〉程度）、同国の混乱を考えると厳しい状態が続くといわざるをえない。

というのも、二〇一五年、エジプトでは「イスラム国・シナイ州」によるテロが、シナイ半島で頻発するようになっている。七月には同半島の町シェイフ・ズワイドやその周辺で、軍の検問所などおよそ一〇ヵ所がほぼ同時に襲撃を受け、エジプト軍兵士の少なくとも六〇人が犠牲となった。

「イスラム国・シナイ州」は、二〇一三年七月に軍部のクーデターによってムスリム同胞団出身のモルシ政権が倒され、エジプトで過激派の活動が活発になった結果、生まれたような組織だ。二〇一五年八月にはクロアチア人の企業関係者が「イスラム国・シナイ州」によって斬首され、頭部の画像がインターネット上に公開された。クロアチアはＩＳとの戦闘に加わっておらず、イラクのクルド自治区政府に少量の武器を輸出しているにすぎないが、それでもテロの標的とされたことになる。

注63 http://www.washingtoninstitute.org/policy-analysis/view/jordans-economy-surprises#When:14:25:02Z

このクロアチア人拘束の際、「イスラム国・シナイ州」は、エジプト国内に拘束されている女性の服役囚全員の釈放を要求した。女性の保護を唱えるイスラムの教えを強調し、自らの活動の正当性を訴えたかったのだろう。こうした外国人に対するテロは、エジプトの観光産業に重大な影響を与える可能性が高い。二〇一五年六月にはエジプト観光の目玉であるルクソールのカルナック神殿で自爆テロがあり容疑者二人が死亡、さらに同年七月にカイロのイタリア領事館の前で爆弾テロがあって五人が死傷した。

これらの事件は、エジプトが治安の上でも決して安定していないことを示しており、「テロ」のイメージがつきまとうことで、観光産業や、外国企業のエジプトでの活動はいっそう厳しくなることは間違いない。日本企業の間ではエジプトからの撤退を視野に入れる動きも出始めた。

観光立国トルコの損害

ＩＳの活動に手を焼くシリアやイラクと国境を接するトルコも、経済的窮地に立たされている。トルコは二〇〇八年の世界同時不況を機に、外国との経済交流の多角化を模索した国で、同国の輸出のおよそ四〇パーセントはＥＵに向けられていた。そうした矢先、トルコはＩＳの勢力拡大によって、二番目の貿易相手国であるイラクへの輸出額を二〇一四

年末までに三〇億ドル（三六〇〇億円）減少させたと、二〇一五年八月、ニハト・ゼイベクジェ経済相が語っている。[注64]

シリア内戦の長期化やイラクでのIS台頭は、トルコによる投資機会を奪うものである。トルコの経済状況に追い打ちをかけているのは、ウクライナ問題に伴うロシアへの経済制裁だ。ロシアの通貨ルーブルの価値が下落し、自国（トルコ）製品への需要を減少させることになった。トルコにとって地理的に近いロシアは四番目の規模の貿易パートナーだが、イラクやシリア、またウクライナ情勢の不透明さは、地理的に「東西世界の架け橋」ともいえるトルコ経済を苦境に置いている。シリアでの混乱がなかなか収束に向かわず、また二〇一五年にエルドアン政権がISとともに、クルドの反体制武装勢力PKK（クルド労働者党）を空爆するようになると、トルコの観光産業も、その影響が懸念されるようになった。

トルコは多くの世界遺産を抱える観光立国[注65]だが、二〇一五年二月、トルコのダウトオー

注64　世界銀行も、ISのシリア・イラクでの台頭によるトルコの経済的損失は、累計で一二五億ドル（一兆五〇〇〇億円）に上ると指摘している。

注65　世界観光機関（World Tourism Organization）の二〇一四年の報告書によれば、トルコは世界で六番目に人気のある観光国で、二〇一四年には前年に比べて五・五パーセントの観光収入の増加があったとはいえ、ISの活動はそれに暗い影を落としている。

ル首相は、二〇一五年に同国を訪れる観光客が減少に向かうと予測。この際、首相は観光業がトルコの重要な産業であることを強調し、ロシアとイランから飛来するすべての旅客機にそれぞれ六〇〇〇ドル（七二万円）の支援を行うと明らかにした。

国連難民高等弁務官事務所（ＵＮＨＣＲ）によれば、トルコが二〇一一年より受け入れを開始したシリアからの難民は、一〇〇万人を超えた（二〇一四年末時点）。難民に対するトルコ政府の支出は二〇一五年には通年で三億二〇〇〇万ドル（三八四億円）程度になると見込まれており、二〇一一年以降の累積額は一〇億〜二〇億ドル（一二〇〇億〜二四〇〇億円）と、名目ＧＤＰの約〇・二パーセント程度の規模に達する模様だ。ＩＳをめぐる戦争が長引けば、こうした経済負担は継続し、財政を圧迫することは明らかだ。

シリア、イラクでのＩＳの台頭は、周辺諸国にとっても重大な経済負担となり、政治的不安定の一要因にもなることが懸念されるだけに、日本をはじめとする国際社会は、周辺諸国にもたらすＩＳの経済的影響をよりいっそう考慮していかなければならない。

第五章　暴力の拡散と貧困・格差の連鎖

ギリシャにたどり着くことのできたシリア難民（2015年10月・ロイター／アフロ）

「イスラム国」（ＩＳ）の例で見てきた通り、中東各地で発生している紛争や暴力の背景には、必ず貧困や格差といった経済的問題が横たわっている。

中東で強権政治が解消されず、格差が改善されないのは、エジプト、サウジアラビア、リビアのカダフィ政権などに見られるように、軍人、遊牧部族の首長などが武力によって政権を掌握し、力による支配が定着した結果、政治が民意を吸収する伝統がつくられず、少数派（寡頭）支配が行われ、また政府とそれを取り巻く財界などが私利私欲を追求するという腐敗政治を背景に、途方もない経済格差ができ上がるという構造になってしまっているからだ。

加えて、貧困を理由にＩＳのような武装集団に入り、自らの生計を立てたり、家族の生活を支えたりするのは、この地域の絶望的な社会・経済状態に起因するものだ。

他方、紛争を逃れ、餓死寸前になった多くのシリア難民やアフリカ難民たちが、粗末な船で定員を大幅にオーバーしながらもヨーロッパを目指すようになった。ドイツのメルケル政権はその受け入れに積極的で、二〇一五年にはシリア難民を含めて八〇万人を受け入れることを表明した。ドイツがシリアなどの難民を受け入れるのは、少子高齢化がその理由だ。同国の現在の人口は八一〇〇万人ほどだが、二〇六〇年には六八〇〇万人から七三〇〇万人程度にまで減少すると見込まれ、労働力不足に陥ることが懸念されている。さらに高齢者を支える社会保障制度を維持するには、若年層の活動が必要となる。シリア人は「若くてモチベーションが高い」と語るドイツ企業の関係者もいて、父親がシリア人のスティーブ・ジョブズのような人材が現れれば、ドイツ経済の「起爆剤」にもなる。[注66]

それでも難民たちは海を渡る

二〇一五年四月一二日、リビアからイタリアに向かっていた難民ら約五五〇人が乗る船が、地中海で転覆した。国際NGO「セーブ・ザ・チルドレン」によれば、約四〇〇人が死亡した恐れがあるという。イタリアでは四月一一日から一四日にかけて、ボートに乗って南欧を目指していた不法移民約八〇〇〇人が地中海で救助されている。

国連難民高等弁務官事務所（UNHCR）によれば、二〇一五年一月からのわずか三ヵ月間に推計五〇〇人が地中海で命を失ったという。さらに、国際移住機関（IOM）の報告では、二〇一四年、リビアから海路でヨーロッパに入ろうとした約三二〇〇人の人々が、船の沈没で亡くなったとされる。仲介料をとって不法移民の手引きをする闇業者の活動も後を絶たず、難民たちは飲まず食わずの状態の中、小船で危険な海路での渡航を試み

注66　http://wedge.ismedia.jp/articles/-/5360

るものの、気象条件の悪さなどから犠牲になるケースが多い。そこまでして移住を試みなければならないほどの苦況が、中東やアフリカでは生まれている。

シリア難民の数は、二〇一五年春の時点で三九〇万人にも上り、五万人の人々が九〇ヵ国以上の国で難民申請を行っている。これは、国民の五分の一近くが難民となっていることを意味する一方、さらに七六〇万人が国内避難民としての生活を余儀なくされているという。結果、ISが制圧したダマスカスのヤルムーク・パレスチナ人難民キャンプでは、国連の潘基文事務総長が「死の収容所」とも形容するほど生活状態が悪化した。

二〇一五年一月、イギリスのエマ・トンプソン、マイケル・ペイリン、ヴィヴィアン・ウエストウッド、スティングなどのセレブたちが、キャメロン首相に対し、イギリス政府のシリア難民の対応に抗議する書簡を送った。それは、前年一月にシリア難民の受け入れ計画をイギリス政府が発表したものの、その後わずか九〇人しか受け入れていないことがイギリスの「恥」であるとする内容だった。難民を受け入れることはイギリスの「慈愛、人道主義」の価値観に沿うものであること、イギリス政府にはシリア難民に安全、希望、未来を与えることができるとも、書簡では訴えている。

ちなみに、日本の難民認定の門戸はイギリスよりもさらに狭い。二〇一四年上半期のU

ＮＨＣＲの統計によれば、難民認定率は米国が九六パーセント、カナダは九五パーセント、イギリスも九〇パーセント。海上からの不法移民が多いイタリアも四三パーセントを難民認定した。しかし、日本は同じ時期に〇パーセントで、二〇一四年一二月になってようやくシリア難民三人の受け入れを決定。二〇一五年三月中旬、シリア人四人が国を相手に難民として認めるよう東京地裁に提訴を行った。

人道上の危機に直面しているシリア

二〇一五年四月二四日、ＵＮＨＣＲ特使である米国の女優アンジェリーナ・ジョリーが、国連安全保障理事会のシリアの人道上の危機に関する会合で事態の深刻さを強く訴え、欧米とロシア[注67]が対立する現状をあげながら、シリア問題に関する国連安保理の機能麻痺を批判した。

中東において、ロシアの武器輸出先として重要なのはシリアとイランで、アラブ諸国の中ではシリアが唯一の同盟国となる。かねてプーチン政権は、シリアのアサド政権にロシアの武器を供給することによって安定や平和がもたらされると訴え続けている。これまで

注67　ロシアのプーチン政権には軍需産業でロシア経済を活性化させようとする思惑があり、特に二〇一四年のクリミア半島併合後、欧米諸国による経済制裁を受ける中、外国への武器輸出はロシア経済にとって重要性を増している。

指摘したように、シリアのタルトゥースにはロシアの海軍基地があり、地中海の戦略拠点であるがゆえに、ロシアとすればシリアのアサド政権を支えなければならない事情もある。

その一方で、ロシアが憂慮しているのは、チェチェンなどにいるイスラム反対勢力がシリア内戦に参加して軍事能力などを高めたのち、帰還してくることだ。本書巻頭の中東周辺地図を見ればわかるが、シリアはチェチェンの南西に位置しており、チェチェンの首都グローズヌイとシリアの首都ダマスカスの間は距離にして一四〇〇キロぐらい。シリア政府軍が使用する兵器の八割がロシア製と見られ、ロシアはシリアに新鋭のミグ31戦闘機やT72戦車も売却している。[注68]

UNHCRに登録するシリア難民はおよそ四〇〇万人[注69]で、そのうち一二〇万人がレバノンに逃れている。[注70]中東諸国ではその他、トルコ、ヨルダン、エジプト、イラク・クルド自治区がシリア難民の受け入れを行っているが、前述の通り、戦火を逃れるためにボートで地中海を渡ってヨーロッパに向かうシリア難民たちもいる。シリア内戦は、この数十年来最大の「人道上の危機」とされていて、アントニオ・グテーレス国連難民高等弁務官は、二〇一五年四月中旬、米国など先進国が一三万人の難民を受け入れるよう呼びかけた。[注71]

そして八月には、深刻な活動資金不足によって国連WFP（世界食糧計画）が難民への食糧支援を最大五〇パーセント削減せざるをえないと明言し、シリア難民の窮状をあらためて訴えた。UNHCRも、一五年六月にヨルダンの都市で生活するシリア難民の八六パーセントが一日三・二ドル以下での生活を余儀なくされる貧困状態にあり、レバノンでは全体の四五パーセントが生活インフラのまったく不十分なシェルターでの避難生活を送っていることを明らかにした。

シリアは、かつてダマスカスがウマイヤ朝（六六一～七五〇年）の首都であったように、アラブの偉大な文化遺産や言語を継承してきた国であり、正統なアラビア語は日本人のアラビア語の研修先としても選択されるほどだった。そのような誇り高き歴史をもつシリアが、アラブ世界でも最も悲惨と表現していいほどの人道上の危機に陥っている。大量のシリア難民たちの流出を抑制するためには、それぞれに武器を配るのではなく、シリア内戦を停止させる政治的努力が求められよう。

注68 http://freebeacon.com/national-security/russian-arms-sales-to-syria-iran-add-to-middle-east-instability/

注69 二〇一五年七月時点で、シリアでは人口のおよそ半分である一一〇〇万人の人々が家を失い、国連は二〇一五年末までに国外に流出する難民は四三〇万人になると推定している。

注70 レバノンは、国民一人あたりの難民受け入れでは世界一多い国となっている。

注71 http://www.telegram.com/article/20150417/NEWS/304179536/1301

ヨルダンに蔓延するエリートたちへの反発

経済的貧しさが人々をＩＳに向かわせる構造は、二〇一五年の日本人人質事件の際、日本政府の対策本部が置かれたヨルダンでも顕著に見られる。ヨルダンは米国の同盟国であり、イスラエルと平和条約を結んでいるが、南部の都市マアンでは、ＩＳによる「真のイスラム」への回帰を呼びかける動きがモスクや街頭で見られるようになった。

ヨルダンのＩＳが目指すのは、同国を「カリフ国家」の一部にすることだ。総人口は六五〇万人だが、ＩＳのメンバー、シンパは数千人程度と見られている。諸外国からの資金援助や産油国に出稼ぎに出た労働者からの送金に支えられているヨルダンでＩＳが台頭する背景には、繰り返しになるが、やはり若者たちに職がなく、貧困を改善する姿勢もないまま、欧米流の生活スタイルを享受する政治的・経済的エリートたちに対する反発がある。二〇一四年夏にはマアン、ザルカなどでＩＳを支持するデモが発生した。この動静は近い将来、ヨルダンの大規模な政治変動をも予感させるものと解釈されている。

アラブ諸国の一連の民主化要求運動である「アラブの春」は、ヨルダンの若者たちにもＩＳに参加する契機を与えることになった。シリアやイラクでの戦闘にはおよそ二〇〇〇人のヨルダン人が参加し、数百人が亡くなったと推定されている。[注72]

二〇一四年一二月初め、ヨルダンのアブドラ国王は訪米を前に、ISとの戦いを「第三次世界大戦」と形容するなど、国内でのIS支持の広がりに重大な懸念を表明した。「これはわれわれの、イスラム世界内部の戦争だ」とも述べている。

ISは、二〇一一年からヨルダンで活動するメンバーの数を九〇〇〇人と見積っているが、そのメンバーやシンパの活動範囲は全土に広がっていて、特にヨルダンが米国のシリア空爆に参加するようになって以降、その数は増えた。もともとヨルダンには、エジプトで生まれたイスラム主義組織「ムスリム同胞団」が強力に根を張って活動しており、やはりイスラムの原点回帰を目指すISが支持される下地が備わっていた。ムスリム同胞団のメンバーの中には、急進的なISに魅力を感じて活動に加わった人物たちもいる。

砂漠の中に位置するマアンの人口は六万人ほど。二〇一三年の失業率は一五パーセントと、全国平均の一二・六パーセントより高い。さらに二〇代の若者たちの失業率は三〇パーセントに届くとされる。

マアンでのIS支持の風潮は、二〇一四年六月末、ISの最高指導者アブー・バクル・バグダーディが「カリフ国家」の設立宣言をしたことで鮮明になった。[注73] ISが支持を広げ

注72　イスラエル紙「ハアレツ」二〇一四年一二月六日
注73　マアンの銀行ビルには同年四月、ISの黒い旗が掲げられた。

たのは、欧米へのテロだけを追求してきたアルカイダとは異なり、実際にシリアやイラクで統治を行い、イスラム主義の「理想」を実現していることが大きい。ISは社会正義をもたらすというのが支持者たちの多くの考えで、ヨルダンでも大多数の人々が貧困状態に置かれる中、ごく少数の人々が途方もなく豊かであるという現実が、ここでも社会正義や平等を説くISへの支持を強めている。

ガザでは子供たちの三分の一がPTSDに

二〇一四年七月から八月にかけて、イスラエルによる攻撃を受けたパレスチナ自治区のガザでは、その後も経済封鎖が続き、二〇一五年五月に出された世界銀行の報告書[注74]によれば、失業率は四三パーセントと世界で最も高い水準にある。特に深刻なのは若者の失業率で、その割合は六〇パーセントにも上るという。

また、二〇〇七年以来続くイスラエルのガザ封鎖によって、GDP[注75]は半減した。二〇一四年のガザ攻撃で果物や野菜などの輸出産業は事実上壊滅し、製造業は六〇パーセントにまで落ち込んだ。電力、水資源、下水道などのライフラインの整備も十分ではなく、八〇パーセントの住民が生活扶助に頼り、四〇パーセントの人々が貧困ラインよりも下の生活を強いられている。

ガザでは、一八〇万人の人々が三六〇平方キロメートルという狭い土地で暮らし、イスラエルの許可がないとガザの外に出ることも許されない。二〇一四年のガザ攻撃以来、子供たちの三分の一がPTSDの発症に苦しんでいるという。

復興の行方はイスラエルによる経済封鎖がどのように緩和されていくか、国際社会が今後どれほどの関心をガザに向け、復興のための支援をいかに行うかなどにかかっている。

二〇一五年七月一九日、ガザでイスラム原理主義組織「ハマス」の軍事部門である「イザッディーン・アル・カッサーム軍団」や、「イスラム聖戦」の軍事部門である「アル・クッズ旅団」の関係者たちの五台の車両に爆弾が仕掛けられ、およそ一五分の間に次々と爆発するという同時多発テロが発生した。犯行声明は出されなかったものの、ガザのISの組織による犯行と考えられている。

ハマスは、ISに関連したとして一〇〇人ほどをガザで拘束するなど、取り締まりを強化。爆破現場の近くにはISの黒旗が掲げられていたという目撃証言もあった。ただし、

注74　この報告書では、紛争や経済制裁がなければ、そのGDPは報告書が出された時点の四倍は高いだろうと見積っている。
注75　ガザのGDPは一九九四年に現在よりも二〜三パーセント多い程度であったが、一九九四年から人口が二三〇パーセント増加し、一人あたりの所得は三一パーセント減少した。ガザではパレスチナ自治政府の予算の四三パーセントが費やされるものの、ガザからの税収は政府の歳入全体の一三パーセントにすぎない。

この爆破事件では負傷者が出ていないことから、拘束は警告的性格のものとの見方がある。ガザではサウジアラビアの厳格なイスラムの影響を受けたサラフィー主義者たちの活動も見られるようになり、その一部はシリアやイラクでのISの活動に影響を受けている。

こうしたガザの社会的混迷を背景に、将来への希望が見出せない中、ハマスなど既存のイスラム主義集団の活動やPLO（パレスチナ解放機構）に不満をもつ若者たちが閉塞した現状を打開しようと、より過激な集団に関心をもったとしても不思議ではなく、そのメンバーの数は増加していると見られている。

二〇一五年七月にはシリアで活動するガザ出身のISメンバーが、ハマス政権の打倒をビデオで呼びかけた。ガザからシリアに向かう者や、隣国エジプトのシナイ半島の過激組織「イスラム国・シナイ州」に加わるガザの若者たちもいて、近隣諸国の脅威ともなっている。五月にもエルサレムのISと名乗る集団によって、ハマスの「アル・カッサーム軍団」の事務所にロケット弾が撃ち込まれたが、こうした集団がイスラエルにロケットを発射することになれば、イスラエルは再びガザに報復攻撃を行う可能性も考えられよう。

無政府状態リビアのはて

二〇一一年にカダフィ政権が崩壊したリビアでは、東部の主要都市ベンガジを「アンサール・アル・シャリーア（イスラム法の支持者たち）」が実効支配するようになった。中央政府の権威は全土におよばず、治安状況はますます悪化。リビアの部族社会や地域主義、また各組織のイデオロギーの相違などがリビアの政治社会をいっそう不安定なものにしている。広大な国土を有するリビアが国境地帯を完全にコントロールすることは到底不可能で、小型武器、対空ミサイル、ロケットなどが流出し、近隣のマグレブやサーヘル地域は「武器のバザール」となった。

武装集団「キレナイカ政治局」が二〇一三年七月、リビアのキレナイカ地方の石油施設を占拠し、一〇月になって連邦政府の樹立を宣言した。カダフィ政権の崩壊後、こうした武装勢力の行動によってリビアは一〇〇億ドル（一兆二〇〇〇億円）の富を喪失したという試算もあり、経済的損失は大きい。

無秩序になったリビアでは、国家全体で機能する警察組織を維持できない状態が続いている。一部の民兵組織は政府と協力するものの、いったん手にした経済的利権を政府に戻すことはほぼない。武装勢力が武力を行使して政府に政策の決定を迫ることもあり、二〇一三年初めには行政府を取り囲んでカダフィ政権時代の官僚たちを行政職から排除するよう要求。また、同年にはアリー・ゼイダーン首相が武装集団によって誘拐される事件が発生。数時間後に解放されたものの、この事件はリビア情勢の深刻さを示唆する象徴的な出来事といえた。

ベンガジやデルナでは軍関係者、警察、判事、ジャーナリスト、政治家たちに対する暗殺が頻発する一方、実行犯たちが検挙されることはまずない。武装集団による支配に抗議するデモも各地で発生していて、多くの場合、暴力的衝突となっている。二〇一三年一一月にはミスラタでその近郊からやって来た武装集団と住民たちが衝突し、四三人が犠牲になった。カダフィ政権の崩壊後、こうした武装集団の活動を封じ、またその根絶を図ることはきわめて難しくなっている。

リビア情勢をより悪化させているのは、アルカイダ系組織による活動だ。「イスラム・マグレブ諸国のアルカイダ（ＡＱＩＭ[注76]）」や、それと関係があるとされる「アンサール・アル・シャリーア（イスラム法の支持者たち）」にとって、リビアは欠かせない拠点と化している。リビアにはＡＱＩＭの司令部があると発言する欧米の安全保障研究者などもいて、リビアを含む広大なサハラ砂漠はまさに武装集団の巣窟だ。

一七〇〇もの武装集団が出現

リビアは、北アフリカや欧米出身の過激派のメンバーたちがシリアやイラクに赴く際の渡航ルートや訓練の場としても有用なため、AQIMはその活動を根付かせるべく、メンバーの勧誘を行ったり、彼らの生活を支えたりしている。また、AQIMは二〇一二年、西アフリカ・マリ北部のアザワド地域に、他の武装集団とともに短命ながらも「イスラム国家」を創設。犯罪的な流通ネットワークを築き上げ、そこから上がる利益を元手に地元の住民たちに経済的恩恵を与え、組織の活動の維持や拡大を図った結果、現在一七〇〇あまりの異なる武装集団が活動している。

リビアにこうした混迷をもたらしている要因は、すでに言及したように、「二つの政府」の存在である。国際的に認知された政府が東部のトブルクで、それとは別の政権がトリポリで活動し、相互に戦闘を行っている。

二〇一五年二月中旬には、ISを名乗る組織がシルト（スルト）を制圧。情勢の悪化を受けて同年三月二七日、国連安保理は「国連リビア支援団（UNSMIL）」の活動を同年九月一五日まで延長する決議を成立させ、リビアに対する武器禁輸を決定。武装集団の

注76　AQIMの活動の拡大は二〇一三年一月、アルジェリアのイナメナスの外国人ビジネスマン人質事件として明るみに出た。この事件では日本人一〇人も犠牲になったが、果てしなく広い砂漠と、リビアなどの政治的混乱が、武装集団にとって格好の条件となっている。

活動の弱体化を図るようになった。

こうしたリビアの混乱に乗じて、カダフィ政権崩壊後の利権をめぐる諸外国の動きが早かったことは、一一三ページでも触れた通り。政権打倒の空爆に参加したフランスのサルコジ政権は、カダフィ政権崩壊直後の二〇一一年九月一日、パリでリビア支援国会議を開催し、経済制裁によって凍結されていたリビアの在外資産一五〇億ドル（一兆八〇〇〇億円）の凍結を解除することなどについて合意した。サルコジ大統領にはカダフィ大佐から献金を受けたという疑惑もあったが、その変わり身の早さには驚くほかない。

同様に空爆を行ったイギリスも、同時期に始まった国際石油資本BPの新政権との協議を支援した。制裁に消極的だった中国、ロシア、ブラジルも、政権崩壊後は国民評議会による新政権支持を表明し、利権確保を図った。中国の軍需産業には、リビア内戦発生後にカダフィ政権側に武器輸出を申し出たという疑惑もあったが、中国もまたその方針を転換するのが素早かった。

二〇一五年夏になってもリビアでのISの勢力が衰える様子はなく、政情は不安定のまま。石油生産の停止は、リビアの財政事情を厳しいものにしている。

カダフィ政権時代の最後の一〇年間、リビアの石油生産量は日量一五〇万バレルあったが、二〇一五年八月の時点では三五万〜三八万バレルに低迷。石油埋蔵量が豊富なシルト周辺で、ＩＳはトリポリ政府に忠実な「リビアの夜明け」という民兵組織と戦い、さらにトブルク政権が支配する東部地域でも活動するようになった。
リビアに二つの政府があるように、「国営石油会社（ＮＯＣ）」も二つに分かれてそれぞれの政府が経営している。国際的に認知されているのは東部トブルクの政府の側だが、しかし、ヨーロッパの企業はトリポリのＮＯＣと取引を行い、ここにもリビアの現状の複雑さが表れている。

カダフィ政権は一九六九年の成立以来、リビアをアフリカで最も富裕な国に押し上げ、ＧＤＰも、また平均寿命もアフリカでトップに立たせ、貧困率はヨーロッパのオランダよりも低い状態となった。しかし、政権崩壊後、リビアが経済的に失敗国家と見なされると、欧米諸国はすべて大使館を引き揚げ、ヨーロッパへのアフリカ大陸の不法移民の経由地と化し、国土の南では武装集団がフリーハンドで活動するようになった。カダフィ政権時代には無償だった医療、教育も、政権崩壊とともにそれらシステムは瓦解。国民を厳しい生活苦の状態に置くようになった。かつては大学での女子学生の数がおよそ半分を占めるなど女子教育も普及していたが、過激なイスラム勢力が台頭した結果、厳格なイデオロギーの下、女性の権利も大いに制限されるようになった。

国連は、リビアの「二つの政府」に対して和解を促しているものの、政治的な解決の糸口は見出せていない。非石油部門も紛争によって壊滅的打撃を受け、二〇一四年には歳入が前年より六一パーセントも減少。[注77] リビア経済や国民生活が改善されるのは、その政治情勢がいかに安定するかにかかっている。

エジプトが悩む負のスパイラル

エジプトにはユネスコ（国連教育科学文化機関）の世界遺産が数多くあり、特にギザのピラミッド、ルクソールなどは日本人の海外旅行先として人気を集めてきた。しかし、二〇一一年の「アラブの春」でムバラク独裁政権の崩壊後、政治的不安定やISによるテロなどによって観光客が激減している。世界遺産の登録をするユネスコの憲章前文には、「戦争は人の心の中で生まれるものであるから、人の心の中に平和のとりでを築かなければならない」とある。世界遺産は平和のシンボルであり、戦争の歴史への反省を世界にアピールするものだが、エジプトの現状はそうしたユネスコの理念とはほど遠い状態になっている。

同国の世界文化遺産には、メンフィスとその墓地遺跡ギザからダハシュールまでのピラミッド地帯（一九七九年認定）、古代都市テーベとその墓地遺跡（一九七九年、ルクソールなどを含む）、アブ・シンベルからフィラエまでのヌビア遺跡群（一九七九年）、カイロ歴史地区（一九七九年）、アブ・メナ（一九七九年）、聖カトリーナ修道院地域（二〇〇二年）がある。そんなエジプトの観光産業は、二〇〇〇年代後半にはGDPのおよそ一〇パーセントを占めていた。

ところが二〇一四年一二月になって、イラクやシリアで活動するISはエジプトに観光で訪れる米国人やオーストラリア人、カナダ人など、ISへの空爆に参加する欧米諸国の観光客を殺害するつもりであることを明らかにした。シリアやヨルダンの例と同様、ISにメンバーを供給するのは、もともとイスラムの保守的な考えをもつ若者たちだ。二〇一四年末で一〇〇〇人以上に死刑判決を下したシシ政権下のエジプトのように、過酷な弾圧政治によってムスリム同胞団員がISのメンバーに転じたケースも少なからずある。

もともとムスリム同胞団員は、世界で最初に誕生したエジプト発のイスラム主義組織であり、かねて同国はイスラムの原点回帰の潮流が根強いことで知られる。二〇一三年夏には、ムスリム同胞団出身のモルシ大統領の政権が軍部のクーデターによって崩壊している

注77　http://www.worldbank.org/en/country/libya/overview

だけに、軍部によるムスリム同胞団への抑圧や締めつけが厳しくなれば、同胞団員の中に急進化する者たちが出てくるのは当然だろう。

治安の悪化を受け、二〇一四年一二月、カイロのイギリス大使館は職員たちの安全上の理由から業務停止に入った。同大使館は欧米人に対する無差別テロを警戒し、外国人観光客が集まるホテルやレストランなどが標的にされる可能性があると考えた。イラクでのIS攻撃に参加するオーストラリアも、エジプトでのテロ警戒レベルを引き上げている。

こうした動きを受け、エジプト政府は諸外国に対して安全性を訴え、渡航を抑制しないように呼びかけているが、成功していない。そもそも「アラブの春」による政治変動などもあってエジプトの観光客は劇的に減少しており、すでに紹介したように二〇一〇年には一二五億ドル（一兆五〇〇〇億円）だった観光収入が、二〇一四年には七四億ドル（八八八〇億円）とおよそ四割減。ISが欧米人観光客を標的にすると宣言したことで、エジプトを訪れる外国人観光客はさらに減少すると予測されており、厳しい状態に変わりはない。

なお、日本人も決して対岸の火事と見てはいられない。二〇〇三年にイラクに自衛隊を派遣後、イラクに足を踏み入れた日本人旅行者が斬首されたことがあった。中東イスラム世界で米国の軍事行動に参加する危うさをISの「宣言」はあらためて示している。

二〇一五年八月、エジプトにおけるＩＳの分派である「イスラム国・シナイ州」は、カイロ郊外で拉致したクロアチア人男性を殺害したとする画像をインターネット上に公開した。これはＩＳがエジプトで外国人を拉致、殺害した初めての事例であり、エジプトの観光産業にさらなる打撃を加えることになるだろう。この事件は、エジプトのイスラム勢力がさらに過激化していることを意味し、観光ばかりか、外国企業の活動や投資を躊躇させるものだ。

エジプトの全人口の二三・六パーセントを構成する、一八歳から二九歳の失業率は二六・三パーセント[注78]（二〇一五年八月）で、この国もまた、他のイスラム諸国と同様、若年層の失業に悩まされている。

エジプトは暴力の増加と、観光客の減少などによる経済の冷え込みという負のスパイラルに陥り、それが同国の将来をいっそう不透明で、混迷に満ちたものとしている。繰り返すが、観光客の減少が経済を悪化させ、過激派のメンバーを生む。他方、過激派勢力の拡大はさらなる経済混迷と青年層の失業者増をもたらし、結果的にＩＳなど過激派の求心力を高めることになっている。

注78　http://en.starafrica.com/news/egypt-28-of-egyptian-youth-live-in-poverty-report.html

著しく低いパキスタン女子の識字率

女子教育の必要性を訴えて二〇一二年一〇月に「パキスタン・タリバン運動（TTP）」に銃撃されたマララ・ユースフザイが、二〇一四年、一七歳という史上最年少の若さでノーベル平和賞を受賞した。ノーベル平和賞に政治的意図があるとすれば、女子教育を否定するTTPやイスラムの極端な解釈で暴力を繰り返すISへのアンチテーゼだろう。

二〇一四年一二月、パキスタン・ペシャワルで軍関連の学校襲撃事件を起こして一四一人の犠牲をもたらしたTTPは、アフガニスタンのタリバン（学生たち）に共鳴してパキスタンで設立された組織だ。[注79] アフガニスタン・タリバン最高指導者ムッラー・オマルの下に集った若者たちは神学校に通い、宗教的な知識を備えているが、いずれも、パキスタンの連邦直轄部族地域（FATA＝後述）の南ワジリスタン、メスード族の教育のない若者たちが中心だ。創設は二〇〇〇年代後半で、一九九〇年代半ばに活動を開始したアフガニスタン・タリバンに比べると歴史も浅い。

欧米諸国は女子教育の必要性を唱えてノーベル平和賞を受賞したマララを称賛したが、エジプトやモロッコよりも経済的に貧しく、大土地制が地方を支配するパキスタン社会の女子教育をめぐる現実はきわめて厳しい。パキスタンの識字率は六〇パーセントと、隣国のインド（七三パーセント）と比較してもその割合は低い。地方部では早婚が多く、女子の識字率は三六パーセントと、インド（四八パーセント）を大幅に下回る。

女子教育を妨げている背景としては、タリバンのイデオロギーだけでなく、パキスタンの政治エリートたちが女子教育の整備に注意を向けないことも大きい。

二〇一五年六月五日付の「エクスプレス・トリビューン」紙によれば、パキスタンの識字率は二〇一四年から二〇一五年の直前の時期にかけて五八パーセントと前回の調査から二パーセント低下したが、国連の「ミレニアム開発目標」で求められた二〇一五年までの達成値（八八パーセント）には遠くおよばず、パキスタン政府が教育にかける予算も歳出全体のわずか二パーセント程度にすぎない。

そんなパキスタンの中でもとりわけ貧しいとされる地域が、前出のＦＡＴＡである。

ＦＡＴＡは、マララの出身地（スワート）を含む、イギリス帝国主義が画《か》いたおよそ六〇〇キロの「デュラント・ライン」でアフガニスタンと接し、パキスタンの北西部に位置している。一人あたりの年間所得が二五〇ドル（一日に換算して七〇セント）で、人口のおよそ六〇パーセントが貧困ラインより下の生活を余儀なくされている。同地域における女子

注79　ＴＴＰの資金源は、外国の「篤志家」たちからの援助や、麻薬・武器の生産や流通、誘拐ビジネス、強請《ゆす》りなどの犯罪行為だが、紛争による混乱が部族地域住民の生活状態のさらなる悪化や暴力の増加を招くという事態をもたらしている。

の識字率はわずか三パーセント。医者も八〇〇〇人に一人しかいない。

ＦＡＴＡはマララへの銃撃事件によって世界的な注目を集めたが、その状況は一向に改善されていない。パキスタン政府とＴＴＰの交渉にも進展がなく、軍事的な解決に乗り出すよりほかないと判断した同政府は、二〇一四年六月一五日、ＦＡＴＡの北ワジリスタンの武装勢力（ＴＴＰを含む）に対し大規模な軍事作戦を展開。しかしその結果、一〇〇万人あまりの人々が国内避難民となり、社会をいっそう混乱させただけに終わった。

そもそもパキスタンは一九四七年のインドとの分離独立以来、経済的な矛盾を抱えた国だ。英領インド帝国が保有していた富や資源の多くがインドに付与される一方、インド帝国周縁の貧しいシンド、バルーチスタン、北西辺境州がパキスタンに編入され、経済的に豊かなパンジャブとベンガルはインドとの間で分割された。また、インドからパキスタンに流れる河川の水の使用はインドの裁量の下に置かれるようになり、水の分配についてもパキスタンは不利益を被るようになる。

同国の教育予算は、全体予算の一・三パーセント（二〇一一年）に過ぎず、それに対して軍事費は二〇〇〇年代、二〇パーセント前後で推移。パキスタンが軍事費に多くの予算を割かなければならないのは、インドやＴＴＰなどに対する安全保障上の配慮からのものである。インド・パキスタンの対立はイギリス植民地主義がもたらした負の遺産で、ＴＴＰ

の暴力は米国の対テロ戦争が助長するものだ。

いわばパキスタンは、パレスチナ同様、欧米の介入政策による「マイナスの成果」をずっと引きずってきた国ともいえる。今後、市民社会が成熟するためには、教育、特に女子へのそれが欠かせない。いまはまだ著しく識字率の低い女性が教育を受ければ、生産性の向上と経済発展に貢献し、国内の安定にも大きく寄与するだろうが、パキスタン政府にはそれに対する強い配慮が見られない。

ナイジェリアで誘拐・拉致が「頻発」の背景

ナイジェリアのGDPの成長率は年七パーセントだが、一人あたりの年間所得が二七〇〇ドル、国民の七〇パーセントが一日一・二五ドル以下での生活を強いられている。特に「イスラム過激派」のボコハラム[注80]が活動するナイジェリア北部の貧困は深刻で、住民の七二パーセントが貧困層とされる。[注81]
二〇一五年一月三日、ボコハラムが隣国チャドとの国境に近い東北部ボルノ州バガの多国籍軍の基地を攻撃し、一月四日までに制圧・占拠した。襲撃を受けた多国籍軍は、かね

注80　「欧米教育の禁止」の意味で、この組織はナイジェリアの欧米化を極度に否定する。
注81　南部は二七パーセント、ニジェール・デルタ地帯は三五パーセント（米国ワシントン「外交評議会」資料より）。

てこの地域の治安維持にあたっていたナイジェリア、ニジェール、チャド軍で構成され、ボコハラムの活動を制圧することが主な任務だった。正確な犠牲者の数は不明だが、事件はこの地域におけるナイジェリア政府の統治能力の低下を示すものといえた。

ボコハラムは二〇一四年四月、女子生徒たち二五〇人以上を拉致し「人身市場に売り飛ばす」と表明した事件で世界に衝撃を与え、チャド湖周辺地域には一万五〇〇〇人から二万人のメンバーを擁していると推定される（多い見積りでは五万人）。

その活動を財政的に支援しているのは、武器商人やカメルーンなどのマフィア集団などであり、ナイジェリア政府の役人や兵士、警官たちの中には、リビアやチャドからの武器の密輸を黙認する協力者もいる。

メンバーとして誘拐された一〇代の少年たちは、ボコハラムが運営する、隣国カメルーンなどの「神学校」に強制的に通わされ、組織のイデオロギーに教化されている。そして、カメルーンはボコハラムがナイジェリア国内で活動するための拠点と化し、両国の国境はあたかもＩＳが支配するイラク・シリア国境のようになってしまっているのが現状だ。

奴隷の慣習とチャド湖消滅危機の影響

ボコハラムによる少年少女の誘拐・拉致に見られるようなアフリカ北部の奴隷の慣習は、この地域の貧困、社会的不安定、教育の欠如などに起因するものだ。オーストラリアを拠点とする人権擁護団体「ウォーク・フリー・ファウンデーション（Walk Free Foundation）」によれば、ナイジェリアでは六七万人から七四万人の人々が奴隷の状態にある（二〇一四年時点）。

大小二五〇以上の民族を抱えるナイジェリアの北部と東部は、歴史的、文化的に異質で、また同じ英領であっても別々の保護領として統治されていた。両地域がイギリスの単一の保護領となったのは、一九一四年になってからのことである。

ナイジェリアが一九六〇年の独立に際してアフリカでは数少ない連邦制（当初は北部州、東部州、西部州の三州制）をとったのも、こうした民族的、地域的に異質な性格に配慮したものだったが、それでも対立、紛争は避けられなかった。その後ナイジェリアでは、一九九七年までの三七年間に六回のクーデターと五回のクーデター未遂が発生。石油収入から得られる富の配分をめぐって国内では貧困層の不満が渦巻き、それがボコハラムなど武装集団の暴力を招いている。

ナイジェリアでは、政治家、あるいは行政府の公務員に就くことによって富裕になるという発想があり、こうした傾向も同国の腐敗や格差拡大に拍車をかける慢性的原因となっている。

ボコハラムは「ナイジェリアのタリバン」とも形容され、二〇一二年から一四年にかけて数千人の人々を殺害したと見られている。カイロのアル・アズハル大学(イスラム最古の神学大学)もボコハラムの行為を非難しているが、勢力が分散しているため、その実態はなかなかつかみにくく、席巻する彼らの暴力もあってナイジェリアはポスト・コロニアル(植民地から独立後)時代で最も難しい局面を迎えている。

ボコハラムのような武装集団の活動については、ナイジェリア北部の気象変動や環境悪化の影響も大きい。二〇一五年一月に襲撃事件(前項参照)が発生したナイジェリア・ボルノ州が接するチャド湖は、降雨量の減少や農業用水への乱用によってこの四〇年の間に九五パーセント以上も面積が縮小、消滅の危機に瀕する。主要な水源であるチャド湖の縮小は、この湖に接するナイジェリア、チャド、カメルーン、ニジェールの人々の生活や生命を脅かすものである。

オーストラリアのムスリムたちの文化的疎外感

経済的要因を背景とする、歪《ゆが》んだ信仰心に基づくテロは、中東だけにとどまらない。

二〇一四年一二月には、オーストラリア・シドニー中心部の「リンツ・ショコラ・カフェ」で立てこもり事件が発生。容疑者のイラン人、マン・ハロン・モニスは、ISなど急進的なイスラム組織に共鳴していたとされる。

オーストラリアのムスリム人口は、二〇一一年の国勢調査では四七万六二九一人で、全人口の二・二パーセントほど。欧米諸国と同様、この国でもムスリムとクリスチャン（人口の六割）など宗教コミュニティの間では経済格差があり、ムスリムの失業率は高い。二〇一一年にはムスリム人口の三分の一以上が一週間の収入が四〇〇ドル以下で、失業率は二〇一一年が一二・一パーセントと国全体の平均（五・三パーセント）の倍以上で推移している。[注82]

オーストラリアにおけるムスリムの出身国の割合は、本国三六パーセント、レバノン一〇パーセント、トルコ八パーセント、アフガニスタン三・五パーセント、ボスニア・ヘルツェゴビナ三・五パーセント。一九九一年の湾岸戦争を契機にヘイトクライムが発生したほか、アボット首相が「オーストラリアの街頭で女性のブルカ（ムスリムの身を覆うベール）が増えることを望まない」と発言するなど、国内には「イスラム嫌い」の風潮が漂っている。結果、オーストラリアのムスリムたちは文化的疎外感を覚えるようになり、さらに経

注82　http://www.heraldsun.com.au/news/victoria/number-of-unemployed-muslims-more-than-twice-national-average/news-story/719c039483fea7b395e16905567051 6b

済的な貧しさがＩＳへの関心を高めている。注83

二〇一四年夏にＩＳが台頭すると、アボット政権は米軍の軍事行動に協力し、九月に四〇〇人の空軍兵力と二〇〇人の特殊部隊をイラクに派遣した。二〇一四年九月に成立した新たな反テロ法も国内のムスリムたちを意識したもので、警察による容疑者の拘束、家宅捜査などを容易にするものだった。

アボット政権は、厳格なイスラムのイデオロギーを説く説教師の入国も認めない方針だが、イスラム文化を疎外し、ムスリムに対して厳しい姿勢を打ち出すと、カフェでの立てこもり事件のような激しい反発や突発的な事件を招く危険性があり、オーストラリア社会の安全や安定性を損なうことにもなる。

歴史上繰り返されてきた現象

これまで見てきたように、「イスラム過激派」のメンバーたちを束ね、その活動を維持するには、イデオロギー、組織、資金の三要素が不可欠だが、その暴力は中東イスラム世界だけではなく、前項のオーストラリアのほか、欧米諸国にとっても大きな脅威となっている。

たとえばイギリスでは一般的にムスリムの生活状態は芳しくなく、住宅、教育、医療などの面で劣悪な条件を強いられ、ムスリム墓地が破壊されるなど、ヘイトクライムの対象となっている。さらにイギリス全体の失業率は五・六パーセント程度（二〇一五年八月時点）だが、同国のムスリムの若者の失業率は一六歳から二四歳で二八パーセント、二五歳以上だと一一パーセント（二〇一一年二月四日「ザ・サンデー・テレグラフ」紙）、ムスリム女性の失業率は七〇パーセントという見積りがある[注84]（二〇一五年四月一五日「インディペンデント」紙）。

二〇一五年一一月にパリの「バタクラン劇場」やカンボジア料理店「ル・プティ・カンボージュ」などで同時テロが起きたフランスはどうか。二〇一三年の移民たちの失業率は一七・三パーセントだが、それに対してフランス本国出身者たちは九・七パーセントに過ぎない。フランスの移民人口は五八〇万人で、アメリカのシンクタンク「ピュー研究所」の二〇一五年の統計によると、人口の七・五パーセント——およそ五〇〇万人がムスリムである。

二〇三〇年にはヨーロッパのムスリム人口が一〇パーセントを占めるだろうと推定され

注83　アボット首相は二〇一四年九月、およそ一〇〇人のオーストラリア国籍の者たちがＩＳに参加し、そのうち二〇人が帰国したと述べた。

注84　失業率の高さに拍車をかけるのがムスリム社会の人口増加だ。二〇〇一年の一五五万人から、二〇一一年には二七一万人に膨れあがっている。

る中、ムスリム移民の排斥を唱えるヨーロッパの右翼勢力の台頭が、ヨーロッパのムスリムの青年層を急進化させる要因となっている。フランスでのスカーフ着用の禁止、スイスでのモスクのミナレット（礼拝の時を知らせる尖塔）禁止、米国での反シャリーア（イスラム法）といった動きは、一部のムスリムの若者たちの欧米への敵意や憎悪、反感を掻《か》き立てている。疎外された貧困層が急進主義の思想や活動に惹きつけられてきたのは歴史上繰り返されてきた現象で、「イスラム過激派」の活動はそうした世界史的な「文脈」の中でも生まれているのだろう。

米国がアフガニスタンでタリバン勢力を根絶できなかったり、ＩＳが台頭したりする背景にも、やはり貧困がある。アフガニスタンではおよそ四〇年におよぶ紛争や不安定の中で食料が不足したり、社会・経済インフラの破壊や未整備があったりするために、国民が絶望的ともいえる貧困状態に置かれている。

同国の貧困がいかに深刻であるかを示す数字を紹介しよう。一五歳以上の年齢の識字率は三二パーセントで、学校に通う期間も、男子は平均で八年、女子は四年と短い。

二〇〇八年の統計では、五歳から一四歳までの子供の少なくとも二五パーセントが児童労働に従事していたとするが、ユニセフによれば二〇一一年には三〇パーセントに上昇。

生活の貧しさも子供たちを教育から遠ざけることになっている。
三六パーセントの人口——およそ九〇〇万人が絶対的貧困の中で生活し、総人口の半分が清潔な飲料水を利用することができない。一〇万人の乳幼児の出産に際して四六〇人の母親が亡くなり、また一〇〇〇人の新生児のうち三六人が死亡（日本は一人）するなど、出産時の危険度が高い。妊産婦死亡率でアフガニスタンは世界第二位、乳児死亡率では世界第三位となっている。医学的知識があり訓練された医師や医療器具が十分ならば、このように高い率にはならないが、アフガニスタンでは人口一〇〇〇人に対して医師は〇・二一人しかいない状態だ。[注85]

旧ユーゴスラヴィア出身の作家、ジャスミナ・テサノヴィッチ（Jasmina Tesanovic）は、「誰もがみな難民だ（We are all refugees）」と題する記事（「ハフィントンポスト」二〇一五年八月二一日）の中で、「難民は政治的抑圧、内戦、気象変動、空腹などから逃れ、生存し続けようとする気高い人々なのだ」と指摘。深刻化する難民問題の背景に横たわる「矛盾」を世界の人々はあまり意識することなく、忘れてしまっているかのようだと述べている。これ

注85 Chelsea Evans "Poverty in Afghanistan: 5 Facts You Might Not Know" February 16, 2015 http://borgenproject.org/poverty-afghanistan-5-facts-might-know/

まで見てきたように、イスラム過激派が勢力を伸長させているのも、貧困や格差など深刻な経済的矛盾があるからである。

それを改善・克服するには国際的協調が欠かせない。ところが、二〇一五年三月にサウジアラビアなどアラブ諸国による貧国イエメンへの空爆が始まり、また七月にトルコが、そして一一月にはフランスがＩＳの「首都」ラッカなどへの有志連合による空爆に参加するなど、「国際的協調」は経済の分野ではなく、軍事面で際立っている。

第六章　武力で平和はつくれない
——日本にできること

都内で行われた大規模集会・デモ（2015年７月・Alessandro Di Ciommo／アフロ）

ペルシア湾岸諸国の安定を図ることは、日本経済に必要不可欠なものだ。とりわけ、前章でも触れた女子教育の整備は、イスラム世界の安定や安全保障を確実にするためにも重要である。

二〇一五年三月、来日したミシェル・オバマ米大統領夫人は、安倍晋三首相の妻・昭恵夫人とともに東京都内の日米共同行事に出席し、女子教育支援を訴えた。ミシェル夫人は、「教育は少女だけでなく、その家族や国の将来にとっても最善の投資だ」と述べ、発展途上国での女子教育の重要性を強調、世界に支援を呼びかけた。そのメッセージは、女子の社会進出が教義的な理由から遅れているイスラム世界にとって、重たい意味をもつ。

女子教育への支援

二〇一三年一二月、イエメンと日本の国際協力機構（ＪＩＣＡ）は、女子教育向上プロジェクト（ＢＲＩＤＧＥ）を二年九ヵ月延長することで合意した。[注86]イエメンは、基礎教育を受ける男女差が世界で最も大きい国の一つで、初等教育（小学校一～六年生）の純就学率は男子八五パーセントに対し、女子は六五パーセント、成人識字率は男性七六パーセントに対し、女性は三九パーセントと低い。[注87]

だが、女子の教育は、女性の社会的進出を促し、出生率を下げ、雇用機会の調整をもたらすことにもつながる。女性の政財界への進出は政治を成熟させ、さらに経済発展の原動力にもなろう。イスラム諸国、また日本など国際社会も大いに注目して協力していくべき分野である。女子教育への支援を通じて良好な対日感情をつくることは、日本の安全保障を高めることにも役立つはずだ。

日本の衛生用品の大手企業ユニ・チャームは二〇一二年五月、サウジアラビアに女性専用の工場を設け、乳幼児向け紙おむつや生理用品の製造を行っている。

戒律が厳しいサウジアラビアで女性の社会進出を支援するには、女性だけが働ける工場を作るしかないと考えたユニ・チャームは、工場内で男性と接触しないよう、シャッターで区切って書類や商品を受け渡しできる場所を設けるなど、工夫を重ねるとともに、二〇一四年には女性の雇用を拡大させている。[注88]

注86　ＢＲＩＤＧＥプロジェクトは「アラブの春」の混乱があった二〇一一年三月に中断されていた。
注87　http://www.jica.go.jp/activities/issues/gender/case/06.html
注88　http://www.unicharm.co.jp/csr-eco/special01/index.html

地球温暖化と食糧安全保障危機への貢献

中東や北アフリカ諸国での紛争には、地球温暖化と農地の減少が深く関わっていて、この面においても日本が貢献できることは多い。

サーヘル地帯（アフリカ大陸のサハラ砂漠の南に東西に広がる帯状の地域）で砂漠化が進んで農耕地が減少し、これが貧しい経済状態の要因となっている。人々の生活の質や発展の程度を示す指標である「人間開発指数二〇一一」の順位（一八七ヵ国中）は、サーヘル地帯に含まれるニジェールは一八六位、マリは一七五位で、日本人も犠牲になったチュニジアの事件の実行犯たちが属していた「アンサール・アル・シャリーア（イスラム法の支持者たち）」を名乗るグループはこれらの国々で活動している。

砂漠化が政治的、社会的混乱をもたらすと考え、その緑化に取り組んだ日本人がいた。遠山正瑛氏（一九〇六〜二〇〇四年）は、一九八〇年から、内蒙古自治区のエンクベイ砂漠で緑化の研究に取り組み始め、毎年八〜九ヵ月の滞在期間に毎日一〇時間近くにもおよぶ作業を一四年続けた上に、日本では全国を巡り、砂漠緑化のための募金活動を精力的に行った。

一九九〇年に遠山氏は内蒙古自治区のエンクベイ砂漠に住むようになった。「エンクベイ」はモンゴル語で、「平和、幸せ」という意味であり、かつては緑が茂る地域であったが、二〇〇一年までに成長の早いポプラを三〇〇〇万本植えた彼の緑化活動は成功し、国連から「人類に対する思いやり市民賞」を授与されている。

遠山氏は、「砂漠の緑化は世界平和に緊密に関わる。地球の三分の一の土地は乾燥しており、地球の温暖化、人口の増加や無制限な開墾などは砂漠化を加速させ、これによって糧食不足などの問題は深刻化している。だから砂漠を緑化して、砂漠化を止めるのはこれらの問題を解決する上で最善の選択なのだ」と述べるとともに、「砂漠の緑化は中国への恩返しでもある。昔の日本は中国からいろいろと学び、それを各分野で活かした」とも語っている。こうした遠山氏の砂漠の緑化という業績は、「イスラム過激派」による暴力の抑制や、日中関係の改善にも教訓を与えるものである。

そして、遠山氏と同様の取り組みをアフガニスタンでずっと行っている日本人がいる。パキスタンやアフガニスタンで三〇年あまりにわたって支援活動を継続する中村哲医師だ。彼と作家・澤地久枝による『人は愛するに足り、真心は信ずるに足る——アフガンとの約束』（岩波書店、二〇一〇年）には、「川筋者」の気質について語った箇所がある。福岡北部の遠賀《おんが》川で石炭の輸送に関わる人々を「川筋者」と言って、気性は荒いが、他人の面倒見がよく、人のために一肌脱ぐ、人生意気に感ずるような人たちのことを形容した。中村医師の伯父である作家・火野葦平の作品には、中村医師の祖父・玉井金五郎を主人公とした『花と龍』があり、石炭仲仕たちへの人情篤《あつ》い姿が描かれている。

中村医師が行っているのは、「人々が生存するための、生きていくための事業に対する支援」である。アフガニスタンでの井戸掘りや、灌漑施設の整備、農地造成といった、民生の安定への支援こそが、本来の「積極的平和主義」というべきものだろう。

中村哲医師たち「ペシャワール会」の活動は、社会的安定の最も重要なファクターである「食の確保」に通じるものである。二〇〇八年、同会のワーカーである伊藤和也さんが武装グループの凶弾に倒れた際、村にはたくさんの地元民が集まり「イトウサン、イトウサン」と泣き叫んだという。葬儀に参列した中村医師は「アフガン農民の一人になりきって、言葉ではなく、その平和的な生き方によって、困った人々の心に明るさをともした」と彼のアフガニスタンの大地に遺した業績を称えた。注89

アフガニスタンをはじめ紛争地域や不安定なイスラム世界の人々が日本に期待するのは、中村医師が主張するように、米国の軍事行動への協力ではなく、民生安定への支援であることは間違いない。日本人が伝統的に大事に思ってきたのは、言葉遣いや行動は荒くとも、人助けや筋の通った行動を重んじた川筋者の気質だと思う。

稲塚権次郎氏（一八九七〜一九八八年）は、小麦の新品種「小麦農林一〇号」を開発した農業研究家として知られる。「まるで当時の日本の農民のような小麦だったな。背が低くて、頑丈で、骨太っていうのかな。とにかく、いくら穂をつけても倒れないんだ」と彼自身が評価するように、日本の敗戦後、生産性が高いものとして米国など海外で注目されるようになると、インドやパキスタンではこの品種によって小麦生産量が四倍にも上がり、飢餓を克服するものとして高い評価を得た[注90]。

二〇一五年九月、この稲塚権次郎のエピソードを扱った映画「ＮＯＲＩＮ ＴＥＮ 稲塚権次郎物語」の公開初日、舞台挨拶に立った俳優の仲代達矢さんは、「戦争を経験し、食糧難で農業の大切さを痛感しています。ここ最近、きな臭い出来事が多い中で、この作品を皆さんがどう見てくれたか知りたいです……最後にひとこと申し上げたい。戦争法案が通過しました。与党、野党含めて政治家の皆さんにこそ、ぜひこの映画を見ていただきたい」と語った（「朝日新聞」九月一九日）。

人は十分におなかを満たすことができなければ、食をめぐって争いを起こす。自衛隊が派遣されることになる南スーダンなどでは、限られた農地や食料をめぐって紛争が発生している。二〇一一年から広まった「アラブの春」も、食を得る手段となる職を求めての運

注89　http://kajipon.sakura.ne.jp/kt/peace5.html
注90　https://www.jataff.jp/senjin/nou.htm

動という経済的性格が強かった。実際、シリアでは旱魃によって農地を失った青年たちが首都ダマスカスに移住し、その周辺に形成した貧民街から反政府デモに飛び込んでいった。シリアやイラクで「イスラム国」（ＩＳ）が支持を集めていったのも、住民たちがアサド政権支配や、イラクのマリキ政権支配の下では十分な食を得られず、社会的安寧の担保をＩＳに期待したという背景が大きい。

「武力で平和はつくれない」——安保法案が成立したいま、私たち日本人は国際平和への関与のあり方を食の安全保障という観点からも真摯に考える必要があるだろう。

イスラム世界で高く評価され続ける日本の技術力

日本の技術は中東イスラム世界でも高い評価を得ていて、そうした高い技術は民需だけでなく、軍需にも移転されようとしている。その一例が、武器輸出三原則の緩和や、イスラエルとの防衛協力によって移転されている[注91]、自衛隊の次期主力戦闘機Ｆ35の部品なのだが、このイスラエルとの防衛協力は、パレスチナ人を犠牲にする可能性が高い。

かねてイスラム世界で評価されてきたのは日本の戦後の経済発展であり、高い技術力、日本人の勤勉ぶり、礼儀正しさであった。逆に尊敬を受けなかったのは、湾岸戦争やイラク戦争で米国におとなしく追従する外交姿勢だ。イスラエルとの防衛協力は、米国とイスラエルの同盟関係、また日米同盟を強く意識したもので、中東イスラム世界における日本の評価の低下が懸念される。

はたして、米国に軍事的に貢献することだけが、日本人の安全保障を高めるのだろうか。筆者は決してそう思わない。関西テレビ制作「世界でバカウケＪＡＰＡＮ」（二〇一四年八月二四日放送）によれば、ドバイでは日本の中古自転車《ママチャリ》人気が高いという。日本のママチャリは、パンクも故障もしにくい。現地の人々の衣服もからみにくい。この番組では、ドバイ・モールで売られる札幌・ロイズの生チョコと、衣類圧縮袋も紹介されていた。

日本の中古品は、アラブ首長国連邦（ＵＡＥ）の一つの首長国であるシャルジャのフリーゾーンが拠点となって、中東の他の諸国・地域、アフリカに輸出されていく。中古品には自転車、自動車、自動車のパーツ、家電製品などが含まれる。日本の昔の巨大なオーディオ製品もよく売れるという。実際に日本で使われ、日本から持ってきたということが、「丈夫で長持ち」の「証明」になるそうだ。「一〇年前に買った日本製のテレビが、まだ壊れずに使えている」といって日本製を愛用する人もいる（就職ジャーナル「海外駐在員ライフ」[注92]）。

注91　文化放送「くにまるジャパン」二〇一四年五月一六日放送

注92　Vol.206【ＵＡＥ編】ドバイはなんでも世界一（二〇一三年七月二三日）　http://journal.rikunabi.com/p/global/oversea/3229.html

少し前のデータだが、ドバイの炭酸飲料の輸入額（二〇一〇年）は前年比で一三・八パーセント増だった。そのうち、日本がトップシェアの七九・五パーセントで、二位オーストリアの六・九パーセントを大きく引き離していた。日本産飲料は「オロナミンC」（大塚製薬）などの炭酸飲料のほか、スポーツドリンクの「ポカリスエット」（同）や「スポーツウォーター」（ポッカコーポレーション）、エナジードリンクの「リポビタンD」（大正製薬）などといった、水分補給や栄養補助ドリンクだ。[注93] 日本製品に対する信頼は、日本や日本人に対する良好な感情をもたらしている。それは、日本人の安全保障にも役立つだろうし、こうしたイスラム世界の人々の感情をもっと大事にすべきではないか。

概して中東イスラム世界の人々はブランド志向が強く、「日本で製造された日本の家電を買ってきてほしい」などという人たちもいる。筆者の経験上、特に富裕層は少々価格が高くても日本製品を望む人たちが多い。ドバイのエミレーツ航空のトランジットラウンジでWi‐Fiにつながらず、ラウンジの女性職員に尋ねたら、「あなたが使っているパソコンは中国製じゃないの？」と冗談まじりに言われたことがある。

一九八〇年代、ペルシア湾港の護岸工事を日本と韓国の企業が同時に請け負った際、数年もすると、韓国企業が施工した護岸はひび割れや剝落が顕著になったが、日本企業がつくったものはビクともしなかった。韓国企業はセメントに海水を混ぜてこねあげたが、日本企業は時間や手間がかかっても真水を運んでつくったセメントを工事に使った。
　こうした日本人の丁寧な仕事ぶりも、中東イスラム世界では高い評価を受けている。

経済的利益優先は「負の貢献」

　二〇一四年一月の「ブルームバーグ」の記事[注94]によれば、米国ロッキード・マーティン社によるサウジアラビアへの二〇機のF35戦闘機売却を、イスラエルは反対しなかったという。サウジアラビアはイエメンに空爆を行っているが、かりにイランやシリアが中東の他国に対して同様の仕打ちをしたら、欧米諸国は経済制裁だけでなく、軍事制裁までも発動したことだろう。つまり、イスラエルも米国の中東の軍事的同盟国としてのサウジアラビアの役割を容認している。実際、サウジアラビア王政はイスラエルのヨルダン川西岸への占領政策、ガザ攻撃に批判を加えることはない。

　F35の技術開発については日本も参加し、その部品の四〇パーセント以上は日本が製造していると見られているが、そうした技術がレバノンやガザなどを攻撃してきたイスラエルにも移転されることになる。安倍首相は二〇一四年五月、イスラエル・ネタニヤフ首相

注93　https://www.jetro.go.jp/world/middle_east/ae/foods/trends/1010004.html
注94　http://www.bloomberg.com/news/articles/2014-01-09/gates-says-israel-gave-in-on-saudi-arms-after-f-35-pledge

との間で「日本・イスラエル共同声明」に署名したが、この声明によるイスラエルとの防衛協力の強化や武器輸出三原則の緩和は、日本の一部の防衛関連産業を潤すことになる。しかしその一方で、日本のイメージを著しく低下させ、日本人が武装集団の標的になるなど、結果的に日本の安全に役立つとは到底思えない。

二〇一四年五月一四日付の「毎日新聞」には、同社としては異例とも思える社説が掲載された。

〈日本の中東政策の大きな節目ともいえよう。安倍晋三首相は訪日したイスラエルのネタニヤフ首相と会談し、両国の防衛協力を強化することで合意した。日本は北朝鮮の核・ミサイルの脅威に、イスラエルはイランの核開発の脅威に、それぞれ直面している。両首脳はこれを「今そこにある危機」と表現して、共通の懸念としたのである。

こうした連携は自然な成り行きともいえる。北朝鮮が日本を脅かす一方、イランを含む中東地域に核関連技術を輸出しているのは明白だからだ。国家安全保障会議（NSC）に相当する機関同士の意見交換や、防衛当局の交流拡大での合意は、それぞれ同盟関係にある日本、米国、イスラエル3国の情報交換の促進にもつながろう。この協力関

係が平和と安定に結びつくことを期待したい〉

イスラエル・ネタニヤフ政権は、二〇一四年夏にガザ攻撃を行い、二〇〇〇人以上の犠牲をもたらし、パレスチナ国家を認めないことを二〇一五年三月の総選挙期間中に表明するなど、平和とは逆行する数々の行動をとってきた。

日本の「存立危機事態」に影響しかねない諸国や中東にとって「嫌われ者国家（pariah state）」であるイスラエルと軍事的に協力することは、日本が中東の紛争や不安定の拡大に「貢献」することを意味する。

誰が責任を取るのか

武器輸出三原則を緩めたり、イスラエルとの防衛協力を進めたりする安倍政権の防衛関連政策には、経済界の強い意向が働いている。経済を上向かせることを至上命令とする安倍政権にとっては、なりふりかまわぬ「成長戦略」が必要だったのかもしれない。

安保法制の採決を前にした二〇一五年九月、防衛関連産業はこの法制によって利益拡大を図ることを明らかにした。防衛省から武器・弾薬など防衛装備品を受注している企業のトップは三菱重工業（二六三二億円）で調達総額の一七パーセントを占め、川崎重工業（一九一三億円）の一二パーセントがそれに続く。防衛関連企業上位二〇社全体の受注額は約一兆一四〇〇億円で、七二・四パーセントを占めているが、「上位二〇社」のうちの一〇社が日本経団連の役員を務めている。二〇一五年六月二日の参議院外交防衛委員会で、共産党の井上哲士議員は日本の軍需産業上位一〇社に防衛省、自衛隊からの天下りが六四人もいることを明らかにさせた。

経団連の防衛産業委員会の委員長には、三菱重工業の社長が就任し、日本の防衛政策に大きな影響力をもっている。経団連・防衛産業委員会の「悲願」は、防衛関連予算（つまり軍事費）の拡充と武器輸出三原則の緩和で、軍需によって日本経済の底上げを考えるようになった。つまり、この委員会の意向が安倍政権の軍需をめぐる経済政策の中で色濃く反映されているのだ。

二〇一四年四月一日には安倍内閣が「国家安全保障戦略」に基づき、武器輸出三原則に代わる新たな政府方針として、「防衛装備移転三原則」を定め、武器の国際共同開発・生産に参加していくことを決定した。これに対して経団連会長も即座に「歓迎する」と明言。日本政府と防衛関連産業の連携によって「成長戦略」を考え、それが安倍政権の安全保障政策にも大きな影響を及ぼすことになったことは確かである。注95

いわば、安保法制は防衛関連産業の利益拡大を図ったものであり、国民の安全は後付けにすぎない。経団連は一五年九月一〇日、武器など防衛装備品の輸出を「国家戦略として推進すべきだ」とする提言を公表し、安保法案が成立すれば、防衛関連産業の役割が高まる（つまり利益が増加する）という考えを示していた。「戦争経済」が世界を不幸にすることは、ノーベル経済学賞の受賞者であるジョセフ・スティグリッツが指摘するところでもあるのだが。

軍産複合体が日本を不幸にする

二〇一五年三月一三日、政府は国連平和維持活動（ＰＫＯ）以外で自衛隊が行う人道的な活動として、「復興支援」のほか、「停戦監視」と「安全確保」の治安維持任務を可能にしたいとの意向を与党協議会に説明した。ＰＫＯ協力法を改正し、武器使用が現在の「隊員の生命・身体を守るため」だけでなく、「任務遂行を妨害する行為を排除するため」にも行われることになる。たとえば、自衛隊がイラクに派遣されてＩＳが住民を襲撃している場合にも、自衛隊の武器使用が可能になる。かりに現地の人を自衛隊が誤射するという事態になれば、日本のイメージは著しく低下する。

注95　http://kensho.jcpweb.net/hunsenki/150619-154142.html

安倍政権になって二〇一三年度に、一一年ぶりの増額になったのを契機に、防衛費は三年連続で増えている。二〇一五年度の防衛費は四兆九八〇〇億円。前出の日本の代表的な防衛関連企業である三菱重工業は、防衛・宇宙事業で航空機、艦艇などの売却による収入が伸び、二〇一四年三月期の連結決算は、経常利益が前年同期比二二・九パーセント増の一八三一億円と増益[注96]となった。これが防衛予算の増額と関連するのは、いうまでもない。

軍産複合体が米国の戦争を支えてきたことは、かねがね指摘されているところだ。二〇一一年に米国は六六〇億ドル（七兆九二〇〇億円）の売却契約を結び、それは全世界の市場の八〇パーセントを占めた。[注97]米国の軍産複合体は、アイゼンハワー大統領が一九六一年にその離任演説の際に危険性を指摘した通り、米国を戦争に絶えず仕向ける重大なファクターとして作用している。米国の軍需産業は戦争によって巨額の利益を得て、また国防総省は軍需産業のために予算を獲得してきた。

私たち日本人も現在、軍産複合体がもたらす危険の中に置かれているように思えてならない。日本の軍産複合体が国民を不幸にする事態には絶対にしてはならない。

イランは本当に脅威なのか

安倍首相などは集団的自衛権行使、つまり日本が軍事力に訴えるケースとして、日本が

「存立危機事態」、つまり日本の独立が脅かされ、日本国民の生命が失われる明白な危険が生じる場合として、「ペルシア湾が機雷で封鎖されたようなケース」を想定している。しかし、ペルシア湾が機雷で封鎖されても、ただちに日本の独立や日本人の生命が脅かされるわけでは決してない。そもそも、欧米諸国がイランを攻撃すれば、ホルムズ海峡を封鎖する意向とされるが、ペルシア湾を機雷で封鎖する可能性がある国は、見当たらないというのが現状だ。

イランの「核の脅威」は、イスラエル・ネタニヤフ首相のイランを極度に警戒[注98]する独特な安全保障観やシーア派を異端視するサウジアラビア王政の意向などから強調され、その主張に米国などが乗ってきた。イラン戦争があるかのような議論を進めるのは、イランに対する外交的礼儀に失しているだろう。

万が一、「イラン戦争」という事態になっても、それは米国の「特殊な事情」から起こされるもので、その後方支援に回ることが、日本人の利益になるとは到底思えない。つま

注96　http://response.jp/article/2014/05/12/222986.html
注97　http://www.propublica.org/documents/item/798407-hartung-ipr-0713-economic-illogic-arms-export.html
注98　イランは、一九七九年の革命の指導者であるホメイニがパレスチナのムスリム住民を抑圧したり、イスラムの聖地であるエルサレムを占領したりするイスラエルの解体を唱え、核エネルギー開発によって「イスラエルの抹殺」をもくろんでいると、ネタニヤフ首相などは考えている。

り、米国内にあるイラン強硬論は、イスラエルの利益を守ろうとする米国のイスラエル・ロビーや、イスラエルの利益を守ることがキリストの復活を早めることになると考えるキリスト教福音派、さらに戦争で利益を得ようとする軍需産業の意向などを背景にするものだ。

繰り返しになるが、日本からペルシア湾までのシーレーンを脅かすような国家主体は目下のところ想定できないし、もし脅威があるとすれば、海賊や武装集団の活動であろう。だが、これらはペルシア湾に至るまでの諸国との治安協力で十分対応できるはずだ。「停戦の前に機雷を掃海できる」とするペルシア湾の機雷に関する議論は、まさに「机上の空論」といえるものだ。実際、安倍首相は二〇一五年九月の安保法制成立直前になって「ホルムズ海峡の機雷掃海は想定していない」と発言するようになった。

「転向」のきっかけは、二〇一五年七月中旬、国連安保理常任理事国+ドイツとイランの核エネルギー開発に関する合意だった。この合意は、サウジアラビアが歓迎するものではなかった。ブッシュ政権時代の二〇〇八年、サウジアラビアのアデル・ジュベイル駐米大使が、米国政府にイランへの軍事攻撃という選択肢を排除すべきではないと主張したことをウィキリークスが暴露。オバマ政権はサウジアラビア王政に対してイランとの交渉がその核兵器保有を許すものではなくて、むしろそれを防ぐものだと説得してきた。

核協議が合意に至ったことでイランは日量一五〇万バレルの石油の生産が可能になり、諸外国との経済交流も円滑、活発になることは間違いない。特にイランの国際石油市場への復帰は原油価格を低く留めることになるかもしれない。

中東の希少な安定国

中東で数少ない安定国の一つになったイランは、この地域の外交・経済の軸になっていくだろう。イランには石油やガスなどの天然資源が豊富にあり、また八〇〇〇万人近い人口は市場としても大きな魅力だ。核協議合意後、特にヨーロッパ諸国はイランに強い関心を抱くようになった。フェデリカ・モゲリーニ欧州連合（EU）外務・安全保障政策上級代表兼欧州委員会副委員長は二〇一五年七月下旬、イランを初訪問。フランスのファビウス外相も核協議合意を受けて、その直後の七月二九日、フランス外相としては一二年ぶりにイランを訪問した。

ドイツの対応はもっと早く、七月一九日にガブリエル副首相や経済界代表らがイランを訪問し、イランとの経済関係の復活を目指した。ガブリエル副首相は、制裁が解除されれば、イランの産業インフラの改善に参加できると発言し、その経済ミッションには自動車大手ダイムラーや電機大手シーメンスなどの代表も参加していた。ドイツのイラン向け輸出は、二〇一四年は二四億ユーロ（約三三〇〇億円）だったが、制裁が解除されれば二年間で倍増することが見込まれている。

このうち、イランを持ち上げまくったのが、フランスのファビウス外相である。フランスは常にイラン文化に魅了され、イランの古代文化遺産や科学、思想を共有することを強調。またフランスに留学しているイラン人留学生たちの勤勉ぶりが素晴らしく、フランスの大学で輝く存在であると賞賛した。イランのロウハニ大統領をフランスに正式に招待するというオランド大統領の書簡を携えていたファビウス外相は、フランスのプジョー、ルノーといった主要企業がイランでの活動を再開し、さらに多くの分野での経済協力を推進していく意向を示した。

石油産業の分野では、制裁によって活動を停止させていたＢＰ、シェル、トタルがイランに強い関心を抱いている。イランには一五八〇億バレルの石油埋蔵量があり、サウジアラビアに次いで世界第二位、シェール石油を含めれば第四位という豊饒ぶりだ。ＢＰは、イランには三四兆立方メートルのガス埋蔵量があり、その規模は世界一と推定している。これは石油二四〇〇億バレル分に相当し、世界のガス埋蔵量の一八パーセントを構成する。こうした数字を見ても、イランの石油やガスといったエネルギー資源が世界でも抜きんでるほど膨大な量であるかが明らかだろう。

イランは、トルコやパキスタンだけでなく、ヨーロッパのガス需要にも対応できる可能性がある国だ。ウクライナやシリアをめぐってロシアと円滑な関係を結べないヨーロッパ諸国が、イランからのガス輸入に前向きになるのも当然だろう。経済発展に伴ってエネルギー需要が高まるインドも状況はまったく同じだ。インドは、独立以来競合してきたパキスタンを通過する「平和パイプライン」を通じて、イランからガスを輸入することを考えている。

イランは第四次五ヵ年計画（二〇〇五～一〇年）の一環として、七〇〇〇万トンの液化天然ガスを南パルス、北パルス、フェルドゥスィ、ゴルシャーンのガス田から製造する予定だったが、経済制裁のために実現できなかった。かねてこの液化天然ガスの生産には中国のシノペック、ポーランドの国営石油ガス会社（PGNiG）、マレーシアのペトロフィールドが参加していて、経済制裁の解除によってイランは生産が可能になった。

二〇〇九～一一年の間、イランは日量三五〇万バレルの石油を生産し、そのうちの二五〇万バレルを輸出に向けていた。経済制裁によって、その輸出は半分に落ち込んだが、今後イランが日量二〇〇万バレルか、あるいはそれ以上の石油を輸出しようとすれば、一八〇〇億ドル（二一兆六〇〇〇億円）の投資が必要とされる。

イランが望むのは、多少の内外の政治変動にも影響されない、長期にわたる諸外国との契約だ。政治的安定と、豊饒なエネルギーや人的資源を考えると、国交のない米国の企業も含めてイランに対する強い経済的関心は当面続くだろう。

おわりに

二〇一五年九月、トルコを訪ねて

筆者は二〇一五年の秋、研究・取材のため二度にわたって中東に赴いている。最初の九月、トルコの最大都市イスタンブールに降り立つと、同国がシリアからヨーロッパに向かう難民たちの経路であることをあらためて実感した。「トルコはシリア難民が多すぎて認定されないので、ヨーロッパ、ドイツに行きたい」という二〇代の女性に出会った。ドイツはヨーロッパでは最も多くのシリア難民を受け入れているということもあり、先進的なドイツ社会にシリア難民たちはより良い生活を思い描いているのだろう。

シリア難民のストリート・チルドレンたちは、ティシューやペットボトルの水を一トルコ・リラ（四〇円ほど）で売っていた。「学校に行きたくないか」と尋ねてみると、「いまはお金がほしい」と無邪気に言った。児童労働は子供たちの教育機会を奪うものであるが、「お金がほしい」と言うところにシリアの子供たちが置かれている厳しい状況が如実に伝わってきた。子供たちは渋滞の著しいイスタンブールで、クルマが停まるたびに水やティシューなどの小物を売り歩いていた。

その直後、アレッポで会った理髪業に従事するシリア難民の五二歳男性は、爆撃で妻と子供を失ったと語った。彼は、土産物のネックレスも売っていたので、二〇リラで二つ購入した。難民があまりにも多く、筆者一人がいくら物品を買ったところでキリがないと感じつつ。アレッポでは政府軍を含めて四つの勢力が入り乱れて戦っていて、情勢は最悪だともこぼしていた。

「資産」としての親日感情

現地の日本人からは、トルコ人の日本に対する感情はやはり良好だということを聞かされた。一九八五年のイラン・イラク戦争の際、トルコ政府はイラクの攻撃を受けるテヘランに取り残された日本人を救出すべく、二機の航空機を派遣し、二〇〇人の邦人脱出に尽力したが、この時イランで生活していたトルコ人五〇〇人は陸路でトルコに帰還した。トルコ政府は自国民よりも日本人を優先してくれたのだった。

現在、日本が受け入れたシリア難民はわずかに三人に過ぎない。はたして日本政府はイスラムの人々の痛切な思いに応えているのだろうか。

トルコ訪問中に『トルコ・日本友好ジャーナル　SAKURA』の取材を受けた。多くのトルコ人たちが日本に対して好感をもつのは、一九八〇年代にトルコ国営放送（TR

T）で放映された三船敏郎、リチャード・チェンバレン主演のドラマ「将軍　SHOGUN」（一九八〇年・米国NBC制作）の影響が大きいと編集者たちから聞かされた。当時トルコにはTRTしか放送局がなく、視聴率は「一〇〇パーセント」に近かったという。

トルコで日本人が好かれる理由としてはほかに、日本人のマナーの良さだそうで、東日本大震災の際、援助物資を受け取るのに整然と列をつくる被災者たちの姿は、トルコ社会でも高く評価された。取材場所となったレストランのウェイターも、「このレストランで一番行儀がいい外国人は日本人だ」と語っていた。

イスタンブール海洋博物館では「エルトゥールル号遺品展」が開かれていた。エルトゥールル号は、日本とトルコの親善のために、日本を訪れていたオスマン帝国の戦艦だが、一八九〇年九月一六日、和歌山県串本町大島樫野崎沖を航海中、台風に遭遇して沈没。その際、大島島民は生存者の救助、介護、また殉難者の遺体捜索、引き上げを行い、日本全国からも多くの義捐金や物資が事故の生存者に対して送られた。生存者たちは神戸の病院で治療を受け、比叡、金剛の戦艦で一八九一年一月にオスマン帝国に帰国した。こうした日本人の懸命な救援活動や事故への対応は、トルコ人の日本に対する良好な感情を形成することに大いに役立った。二〇一五年はこのエルトゥールル号の海難事故から一二五年にあたる年でもある。『SAKURA』の編集者たちが気にしていたのは、ISの暴力がトルコにまでおよんだことによって、日本人たちの足がトルコから遠のいているのではないか——ということだった。

イスラムの同胞意識、平等観、相互扶助

イスタンブールでは、シリア難民の子供たちの心のケアをする団体「AID」の活動も見学した。この日、トルコの若い女性たちは、難民の子供たちに生卵のトレイを材料とする造花の作製を指導していた。筆者は二〇〇二年、国際交流基金の「アフガニスタンの文化復興支援事業」にも参加したが、単なる経済的な復興だけでなく、紛争後の人々の心の癒しも重要というのがそのプロジェクトの趣旨で、アフガニスタンの陶器産業の再生、日本のテレビ・ドラマや絵本の提供などの可能性を探っていた。

また、訪問したセリム・ジャーミィは、イスタンブールでは最も大勢のシリア難民の子供たちへの支援を行っているモスクとして知られる。二二〇〇人の子供たちがこのモスクで教育を受けたり、洋服、商品券の支給を受けたりしていた。

このモスクの名前はオスマン帝国第九代皇帝のセリム一世に因《ちな》んだもので、彼は一五一七年にエジプト・カイロを首都とするマムルーク朝を滅ぼした後、その領土であったシリアを併合した。こうした歴史的背景もあって、セリム・ジャーミィの活動はシリアの人々

にとっても特別な親近感がある様子だった。モスクの導師《イマーム》が、「シリア人はアラブ世界の中で最も文明化された人々だ」と語ったように、シリアのダマスカスはイスラム教成立後、六六一年から七五〇年までウマイヤ朝の首都であったところで、イスラム文明の中心として繁栄した。セリム一世がシリアを併合したのも、イスラム帝国の支配者としての名声を高めたいという思惑があったのかもしれない。

生活に困窮する弱者を救済することは神の意志に従うものであるとセリム・ジャーミィのイマームは述べていた。モスクに通う人々がお金や食べ物を持ち寄り、難民の救済を行い、子供たちには課外活動として、サッカーや水泳をする機会も設けられているそうだ。イスラム世界との経済交流をする場合、こうしたイスラムの宗教観への敬意も必要だ。

訪れたトラブゾン郊外のウズンギョルで足こぎボートに乗ろうとしたら、切符を売っていた少年が「あなたは中国人か」と聞いてきたので、「日本人だけど」と答えると、「中国人は嫌いだ。トルコ系のウイグル人を弾圧している」と語っていた。ウイグル人の人権抑圧をするのは中国人ではなくて、中国政府だが、ウイグル人に断食をさせない、スカーフの着用を禁止するといった中国政府の措置は、多くのトルコ人たちから反発されている。

トルコはイスラムの同胞意識が強い国で、二〇一〇年五月にガザ支援船を送り、支援船に乗っていたトルコの人権活動家九人がイスラエル軍によって殺害されると、イスタンブールで一万人の抗議集会を開くなど、激しく反発した。

トラブゾンで同行してくれたガイドのエズカン・カルトさんに「もし日本の自衛隊がイラクの米軍のように無辜《むこ》のムスリム市民を殺害することになったらどう思うか」と尋ねたら、「日本に対する良好なイメージは一挙に崩れるだろう」という答えが返ってきた。日本が中東諸国とつき合う場合、こうしたイスラムやトルコの同胞意識は決して軽視できないと思わざるをえなかった。


一九九〇年に湾岸戦争を前にイラクを離れる日本人ビジネスマンに対して、あるイラク人は「戦争が終わったらまたイラクに帰ってきてくれ。君たち日本人は欧米人とは異なって上から目線で私たちを見ることがなかった」と語ったという。ペシャワール会の中村哲医師も、「欧米人は援助活動をする場合にも現地の人を見下したところがあるのです」と筆者がお会いした時に語っていた。

私たち日本人は、日本とは異なるイスラムの宗教文化や社会の特性を忘れず、「平等」や「相互扶助」に敬意を払いながらこの地域と交流していかなければならない。

附録　イスラムの経済倫理と飲食の教え

約200万人が参加したメッカ巡礼（2015年９月・ロイター／アフロ）

日本を訪問する外国人観光客は、ムスリムも含めて増加しつつある。日本に来るムスリムが増えるのに応じて、ムスリム用の食事、ホテルや空港に礼拝所を設けたり、また部屋にコーラン（クルアーン）を置いたりするなどの配慮が必要となってくるだろう。

また、イスラム世界では、受け取った預金を銀行が企業に投資して、そこから上がった利益を預金者に配当していくというイスラム銀行の経営形態が流行《はや》るようになった。

ところが日本にはこうしたイスラムの経済に関する専門家が少なく、専門家の育成も、イスラム圏との交流が増えるにつれて考えていかなければならない課題だろう。

次項から述べるイスラムの経済倫理は、イスラム世界との交流を行う場合も必要だが、経済に起因するイスラム世界の政治変動や武装集団台頭の背景などを理解する上でも欠かせない。

二二六ページから言及する断食もそうだが、イスラムではムスリムが守るべき五つの行いとして「信仰告白」「礼拝」「喜捨」「断食」「巡礼」という基本的な義務を求めていて、それがイスラムという宗教の基本的価値観を表し、ひいては交流において非常に大切な考えをも示すものであるので、本書の最後に「附録」として付記しておきたい。

混迷するイスラムの「いま」を理解するためには、知っておくべき基礎知識でもある。

信仰告白——唯一神と預言者の存在を確認する

「信仰告白」は「アッラーの他に神はない。ムハンマドはその使徒である」と唱えるものであるが、これは信徒のイスラム共同体への参加を意味するものだ。現在、サウジアラビア国旗の緑色の背景に白い文字で書かれているアラビア語は、この信仰告白である。

「アッラーの他に神はない」という表現は、イスラムが唯一神の信仰であることを確認するものであり、また多神教や、神に結びつく偶像が禁じられ、それらが許しがたい罪であることを訴えている。また、「ムハンマドはその使徒である」という部分は、ムハンマドが神と人間の間の橋渡し役であり、最後の預言者であることを訴え、さらにイスラム共同体の規範であることを表している。この「信仰告白」によって、ムスリムはイスラムに帰依し、またイスラム共同体の一員であることを繰り返し自覚するようになる。ちなみに「イスラム国」（ＩＳ）などの急進的集団も、組織の旗にこの信仰告白を用いている。イスラムで信仰すべきは唯一神のアッラーのみで、日本には「千と千尋の神隠し」のように、「八百万《やおよろず》の神がいる」というとびっくり仰天し、腰を抜かすほど驚くムスリムもいる。

礼拝——コーランの啓示を思い出す

一日五回の礼拝と金曜日の集団礼拝への参加は、神への尊敬の念を信徒が養うために行われ、特に集団礼拝は祈りの統一性を強調し、信徒間の連帯と結束を強化する目的がある。この礼拝への呼びかけ《アザーン》はモスクの尖塔《ミナレット》から行われ、「神は偉大なり。アッラーの他に神はない。ムハンマドはその使徒である。安寧に来れ」などと語っている。イスラム圏のホテルに泊まると、部屋や廊下などにメッカの方向（キブラ）を示す矢印があるが、ムスリムはメッカのカアバ神殿に向かって礼拝を行う。カアバ神殿は、アブラハムやムハンマドが神に祈りを捧げた場所とされている。礼拝は、モスク、家庭、職場、さらには往来などで行う。また、イスラム諸国を訪れると、空港、あるいはイスラム諸国の航空会社では旅客機の中にさえ礼拝所があり、日本のリコーが開発したメッカの方角を示す磁石付きのキブラ時計も人気を集めている。日本もムスリムの観光客が増えるにつれて、キブラをホテルの部屋に記すなどの取り組みが求められるだろう。

ムスリムは礼拝でコーランの啓示を思い出し、信徒は単一の共同体に属していることを自覚する。礼拝の時間はコーランに定められていないが、ムハンマドの慣行に従い、夜明け、正午、午後、日の入り、夜の五回行うものとされている。また、神聖な礼拝の前にはムスリムは体を清めることが求められ、手、口、顔、足を水で洗浄する。礼拝では床に頭を擦り付けるほどひれ伏すことを繰り返し、コーランの定められた一節を繰り返す。
ユダヤ教の土曜日《シャバト》やキリスト教の日曜日とは異なり、イスラムでは集団礼拝を行う金曜日は安息の日ではない。[注99] 多くのイスラム諸国では、現在日曜日が休日となっているが、これはヨーロッパ諸国の植民地支配の名残か、あるいはヨーロッパの習慣を模倣したものである。集団礼拝を通じてムスリムたちは、自らがイスラム共同体を構成していることを確認することになる。

　また、イスラムではこの礼拝を通じて「慈悲」と「平安」の心が養われると考えられている。「慈悲深く仁慈あまねくアッラーの御名によって」という言葉で礼拝を始め、また「あなたがたに平安あれ」で礼拝を終える。こうしたフレーズを繰り返すことによって、「慈悲」と「平安」の心が自ずと養われるとされている。このように、イスラムでは他者に対する思いやりや、平和を愛する精神が強調されており、戦闘的な宗教としての性質は本来希薄である。

　直立、屈伸の立礼、座位、平伏という一連の動作からなる礼拝は、ストレッチ体操ともいえる理想的な全身運動だが、それに集中すれば病人の不安を取り除き、病気に立ち向かう精神力を与えてくれると考えられている。また、節食と、怒りや心配、哀しみなど過度

注99　株式や為替など、国際的スタンダードに合わせたほうがメリットがある。

の感情の抑制も健康の維持のために説かれる。

喜捨——イスラムの平等観の体現

「喜捨《ザカート》」は、貧者を救うための財産税であり、毎年蓄積された富や資産に対して課せられる。イスラム法で喜捨が課せられるのは、通貨、家畜、果実、穀物、商品（金銀と埋蔵財貨を含む）である。税率は通貨が二・五パーセント、家畜は〇・八〜二・五パーセント、果実、穀物は天水・流水灌漑の場合一〇パーセント、人力・畜力または特別の灌漑施設を必要とする場合五パーセント、また商品は年収の二・五パーセント、金は五パーセント、銀は二・五パーセント、埋蔵財貨は二〇パーセントとされる。いずれも一年以上所有していることが前提となる。

コーランとイスラム法は、喜捨が貧者、孤児、未亡人を支援し、奴隷や債務者を解放するために、またイスラムの普及のために用いられるべきことを説く。

このように、イスラムは社会的平等を説く宗教であり、イスラムには信徒間の相互扶助の考えがある。ところが、近年イスラム主義者が憤るのは、神の前の人々の平等を説いているはずなのに、途方もない貧富の格差があるというイスラム世界の現実が合致しないためである。特に、一部の特権階層や政治指導者たちが贅沢《ぜいたく》な生活を享受していることは、イスラムの社会正義の理念に反するもので、イスラム勢力の強い反発を招く一方、救貧活動や慈善事業を行うイスラム勢力（イスラム原理主義）が多くのムスリム大衆の間で支持を得る背景となっている。イスラム世界では物乞いの人に進んで施しをする光景をよく目にするが、それは喜捨に見られるような社会的平等や相互扶助を説くイスラムの宗教的価値観から行われている。

喜捨とは貧者の高潔を保ちながら、富の分配を図る制度といえる。物乞いをせずに金を受け取ることは、人々の純潔を維持し、富裕な者に対する妬みの心が湧くことを抑える役割をも果たすことになる。

コーランは喜捨についてはすべてが慈善目的のため、また公共の利益のために用いなければならないとする。喜捨によって、それを与える者、また受領する者も相互の愛情によって結束させられているという意識をもたなければならない。理想的なイスラム社会においては、貧者は物乞いを行ってはならないとされている。

また、喜捨が共同体に富のバランスをもたらすことによって、人々が精神的充足を図ることができると考えられた。さらに、喜捨は富裕な者と貧者との絆を強め、窃盗、暴力行為、その他の社会的病弊を減じるものと考えられている。つまり、喜捨はイスラム共同体に協調的な環境をもたらし、ムスリム相互の不和や競合を排除するものであることが理想とされている。

断食――神を思念し、貧者の苦しみを知る

月の観測は太陰暦を用いるイスラム世界では重要な意味をもつ。イスラム暦の一ヵ月は新月から新月までの二九日、または三〇日と定められている。新月とは月齢のもっとも若い月のことで、通常は「三日月」、あるいはそれよりも月齢が進んだ形状で描かれる。

「断食《ラマダーン》」月の断食は、日の出から日の入りまで行われる。ムスリムは、この断食によって、神の存在を強く思念し、意識するようになる。ラマダーンは自省と精神的鍛練の期間でもあり、神の導きに対する感謝や、過去に犯した道徳上の罪を贖《あがな》い、人間の弱さとまた神への依存を自覚する。断食は、心身を清らかに保つことを目的とするとともに、ムスリムに貧者の苦しみを共有させ、他者への思いやりを育むためのものである。

このラマダーンの間、ムスリムは日の入りとともに食物を口にし、また親戚縁者が集まってラマダーンの間の特別な食事をともに摂ったりする。イスラム世界の一部では、ラマダーンのための特別な料理や菓子が用意される。日没後ムスリムはモスクに赴き、ラマダーンのための特別な礼拝を行う場合もある。期間中、コーラン全体の一三分の一を毎夜朗唱したり、街頭ではコーランの詠唱やイスラム神秘主義の儀礼を執り行う声が聞かれたり

する。夜は、ムスリムは夜明け前に起床して食事を行い、それを一日分の糧食とする。暑い夏の時期にラマダーンを行う場合は、彼らにとって、その困苦はひとしおのものとなるだろう。

また、ラマダーンの間は、レストランや食料品店は、日の出から日の入りまで営業を行わないことが建前とされる。食事はおろか、ツバを飲み込むことや、喫煙、性行為さえも禁じられている。この断食を免除されるのは、戦闘中の男子、旅人、病人、妊娠中の女性、幼児、乳児を抱える母親たちである。イスラムは太陰暦を用い一年三五四日によって構成される。このため、このラマダーン月も年ごとにおよそ一〇日ずつ早まるので、戒律が厳格なイスラム諸国を訪ねる際は、ラマダーン月がいつから始まるか注意が必要である。ラマダーンの遵守も国や社会によって異なるが、イランのように厳格に法律でラマダーンが守られている国では、ラマダーンを意識していないと突如として食にありつけなくなる（高級ホテルなどでは外国人に対してはルームサービスの食事はある）。

ラマダーン期間中は食事の消費量は多くなる。日中の空腹を夜間に紛らわせるためだ。日本でも断食道場に入った後、食事の量が増え、ダイエットにならなかったというエピソードを聞くことがあるが、それと同様だ。イスラムの預言者ムハンマドは「真の豊かさ（幸福）とは、莫大な富を所有することによって得られるのではない。真の豊かさとは、魂の豊かさなのである」と述べている。魂の豊かさは肉体的にも、精神的にも健康であることが前提となる。

巡礼――ムスリムの心を洗う行事

メッカへの巡礼は、人生に一度行うべきであるとされ、健康で経済力のある者に義務づけられている。巡礼の対象の中心にあるのは、メッカのカアバ神殿である。立方体の形をした神の居所であり、神聖な黒石が置かれている。イスラムの伝承では、カアバ神殿は、預言者アブラハム（イブラーヒーム）とその息子イサク（イスマーイール）によって建立されたものであり、黒石は天使ガブリエルによって、アブラハムに与えられた。カアバ神殿はイスラム成立以前より巡礼の対象であり、さまざまな部族の偶像が祀られていたが、ムハンマドがメッカを征服した時に唯一神アッラーを信仰する場所に変えたといわれている。

巡礼はイスラム暦一二月、ズー・アル・ヒッジャ月に行われる。巡礼に参加するムスリムは心身の清浄を表すため、白い衣装を身にまとう。女性は簡易な民族衣装を身につけても良いとされているが、実際は多くの女性はやはり白い衣類を身につけることが多い。また、香水を用いたり宝石を身につけたりしてはならないとされている。そして、巡礼の間は、性的行為や狩猟は禁じられている。これらの禁令は、巡礼を行うムスリムの統一性をもたらしたり、またその質を維持したりするためのものである。巡礼者がメッカに近づくと、「主よ、我はここにいる」と唱え、またメッカに入ると、巡礼者たちはカアバ神殿がある大モスクに進んで行き、時計とは反対回りに七回カーバ神殿の周囲を行進する。

それから、アブラハムが立った場所での礼拝や、悪魔を象徴する三本の石柱に投石したりするなど、さまざまな儀式が続くが、巡礼で特に重んじられるのは、アラファトの丘への訪問である。そこで正午から夕方まで巡礼者は神の前に立ち、自分自身や世界のムスリムのために神に祈りを捧げる。このアラファトの丘は、ムハンマドが最後の預言を行った場所とされている。ここでも巡礼の導師は、イスラムの平和や調和への呼びかけを繰り返す。巡礼者たちは、アラファトの丘に立つことによって、民族、人種、経済、性の相違を乗り越えたムスリム共同体の統一や平等を自覚することになる。

巡礼は「生け贄の祝宴」で終わる。これは、神がアブラハムにその息子であるイサクを生け贄にするよう命じたことを記念するものである。巡礼者は、神の命令を無視するようそそのかした悪魔の誘惑をアブラハムが拒絶したことに倣って、再び悪魔の石柱への投石を行う。それから巡礼者たちは、アブラハムが結局、イサクに代えて、雄羊を生け贄にすることを神から許されたように、羊やヤギ、ラクダなどの動物を生け贄にする。この動物の生け贄によって、巡礼者たちは、彼らにとって最も重要なものを必要な際には犠牲にすることを体験するのである。生け贄にされる家畜は、家族の富にとって貴重で、また生活上欠かせないものを象徴している。この儀式に使用された肉の一部はその場で消費されるものの、貧しい人々に配給されることになっている。

現在、この巡礼にはおよそ二〇〇万人の人々が参加し、サウジアラビア政府がこの「生け贄の祝宴」に使用された肉を保存し、分配している。「生け贄の祝宴」は三日間継続し、イスラム世界各地で祝われ、ムスリムは喜びとともに家族、親戚を訪問する。また巡礼者の中には帰郷する前にメディナのモスクやムハンマドの墓地を訪れる者もいる。

巡礼を行ったことは、ムスリムに大きな誇りを与えることになり、巡礼を経験したムスリムのなかにはその象徴として自らの名前の前に「ハッジ」という称号を付ける人もいる。

共同体意識を育てる五行

こうしたイスラムの五行は、平易で分かりやすいものである。イスラムがアフリカや米国などで新たに信徒を獲得するのは、イスラムの教義や実践のわかりやすさによってであることは間違いない。この五行は、ムスリム各個人によってその遵守の仕方は異なっている。

たとえば、ラマダーンについて、イスラム主義国家であるイランでは、その習慣は建前の上では厳格に守られているが、地方では大っぴらではないにしても営業しているレストランがあり、筆者は実際、日中食物を口にする人の姿を見かけたことがある。ムスリムといっても、信仰心は、日本の仏教徒や欧米のキリスト教徒のようにさまざまである。ムスリムであるトルコ人の大学教授に断食を実践するかと聞いたことがあるが、彼は実際には行わないが、気持ちだけは断食を行っているつもりだと語っていた。

イスラムでは集団礼拝や喜捨、また巡礼など五行によって共同体意識が強く備わることになる。五行はすべてムスリムの連帯意識を強化する機能を果たしている。こうした共同体意識は、他の宗教よりもイスラムに特徴的といえる。近年、イスラム世界と欧米の衝突構造が強調されるようになっているが、ムスリムの側の共同体意識や連帯感もその構造を理解する一つのカギとなるであろう。

イスラムの経済観

イスラムの原則を取り入れたイスラム銀行が預金額を増やしている。この銀行に関する日本の課題は、イスラムの宗教的知識をもつ経済専門家や弁護士が日本では不足していることだという。イスラム世界の経済が発展する中、イスラム的経済知識の普及もまた求められていくことだろう。以下ではごく基本的なイスラムの経済観やイスラム経済を紹介し、基礎知識を提供できればと思う。

イスラムの経済観は、イスラムの宗教的原理に基づくことはいうまでもない。経済も共同体全体の利益を考えるものでなくてはならないし、「正義」に裏づけられたものでなくてはならない。しかし、イスラム世界で産業化や欧米モデルの近代化が進行すると、イスラムの経済理念とは遠くかけ離れた現状や矛盾が生まれる。これにイスラムはいかに対処するべきかという問題に、イスラムの経済学者たちは遭遇した。

イスラム経済の根本的原理は、やはりコーランから抽出されている。隊商の執事であった預言者ムハンマドは、経済の公正や経済活動における権利に多くの関心を払うことによって、商取引の実際的な知識を備えたという。そんなイスラムでは、交易は製造と同様、重要な経済活動と見なされている。なぜなら、物の分配やセールスがなければ、製造も無価値になるからだ。

イスラムの経済学者によって、非生産的と見なされるのは、何も努力しないで報酬があることである。イスラムでは利益を獲得するのは労働する者でなければならない。つまり、ギャンブルや他者を搾取することによって獲得した収入は不当とされる。また、働かないで得られる報酬としての利子は不当なものと見なされ、不正で、不誠実な取引は明確に否定される。さらに、物質的な財産の所有を競い合うことも有害とされ、また隣人の財産をうらやむことも望ましくない。

イスラム世界のバザールを訪れて活気を感ずるのは、交易を重視する社会的伝統によるのだろう。バザールでは、商品の定価というものがない。客は商人の言い値に対して値を下げる、あるいは商人は客の望む額から吊り上げていく。商人と客の交渉がまとまれば、それで購入になる。こうした交渉に慣れていない日本人でも、安く買えたと思った時はその楽しさを味わうことになろう。

このように、言い値による交渉が商取引の中心だが、交易における誠実さがコーランでは強調され、取引における不正や詐欺行為は非難されている。人は正当な利益以上に稼いではならないし、被雇用者に対しては公正な賃金を支払い、顧客に対しては適正な価格を設定しなければならない。そして、経済活動においては誠実であることが要求され、また偽りの広告を行うことが戒められている。

ムハンマドの時代のアラビア半島では、乾燥して暑い気候のため、農産物の新鮮さが取引において重視された。商取引における透明性が強調され、十分な知識がない分野で商いを行うことは厳に戒められている。貿易に携わる商人は多くの知識を有する者として尊敬され、また交易の結果もたらされる資本の蓄積は、称賛に値するものとされた。

富は神に仕える手段であり、それ自体が目的となってはならない。富の所有について相違や格差を認めながらも、イスラムではすべてのムスリムが十分与えられることが重要なのだ。

イスラム経済は、二つの原理によって支配されている。一つは、財産は神に属すというもので、もう一つは完全な平等は必要でもなく、また望ましいものでもないというものである。

「利子」の取り立てを禁ずるイスラム

イスラムでは「利子」の取り立てを禁止しているが、この「利子」にもさまざまな解釈がある。アラブ首長国連邦（ＵＡＥ）の宗教裁判所で、イスラムでは禁じられているアラビア語の「リバー」を単に「利子」としない判断が下されたことがあるが、たいていのイスラム経済学の学者は、「リバー」を「利子」と解釈している。イスラムでは、特に「暴利」を得ることは禁じられているが、かりに貸し手が富裕で、借り手が貧しく、かつ利子がこの貸し借りに介在する場合、経済的不平等を拡大するものと戒められている。

イスラムでは、経済に関する問題は消費や生産、また交換において利己心を抑制することとによって、多くの問題が解決できると考えられている。イスラムこそが成長や調和の源であり、個人は財産を所有する権利が認められているものの、その財産を他の者たち、特に自分よりも恵まれない者たちと分かち合わなければならない。

イスラムで公正な収入以上を稼いではいけないというのは、例えば果実の木を花が咲いている段階で売却してはならないというものである。というのも、どれほどの果実が実を結ぶか予測できない状態で売ることは、売り手に必要以上の収入を与え、また購入する者に損を与えるかもしれないからだ。

また、一生懸命労働する者にはその労働の成果が与えられるべきなので、市場での競合は支持される。労働する意欲がない怠惰な者には、イスラム国家からその利益を配分されることがないと考えられている。さらに、商人は公正な価格をその商品にかけることによって、快適な生活を十分に送れるほどの所得は認められるものの、浪費を伴う生活は厳に戒められている。

こうした経済の公正観が、現代のイスラム経済にも影響を与えていることは確かである。サウジアラビアで活動するウメル・チャプラ（一九三三年生まれ）などイスラムの諸原理を現在の経済に反映させようとするイスラム経済学者は、イスラム世界の発展を成功させるには、社会において自己犠牲の精神がなければならない、と訴える。また、イスラムでは、経済発展は認められるものの、常に人間社会全体との調和が図られねばならないと考えられている。チャプラによれば、それにもかかわらず、イスラム世界で経済の倫理性が低下したのは、正統カリフが腐敗した国王などにとって代わられたことや、近代においては欧米諸国がイスラム世界に進出したことなどが、その背景にあるという。そして、イスラム的倫理の低下が生産性を減じ、また政府の効率性を低下させることになったとイスラム経済学者たちは考えている。イスラム世界の現状がイスラム経済の理念とかけ離れていることが、これらの経済学者の思想の背景になっていることは明らかだ。

また、彼らは、経済活動の堕落によって、ムスリムの同胞意識が弱められ、ムスリムが他者の必要を忘れるようになったと主張する。さらに、経済における道徳性の低下は、喜捨の慣行の希薄化や利子をとらないイスラム銀行の不足を招いているというのが、イスラム経済を主張する人々の考えである。

そのため、イスラムの経済学者たちは、一九八〇年代頃から道徳教育が必要と主張するようになった。家庭や学校での教育を通じて、公正で調和のとれた社会を築かなければならない。ムスリムは、個人の利益よりもイスラム共同体全体のそれを優先することを自覚しなければならないが、そのためイスラム経済学者は喜捨の制度に重要性を認めることになる。このように、イスラムでは他の宗教社会にない制度として喜捨に対するプライドが強い。

こうした考えに基づき、イスラムの五行の一つである喜捨を法的に強制する国もある。パキスタン、サウジアラビアは、個人だけでなく、法人にも喜捨を課すようになった。サウジアラビアは輸入品にも喜捨を要求するが、その税率はそれぞれの物品によって異なっている。パキスタンでは、肥料や殺虫剤に対しては控除を与えるものの、農業生産物に対しては一様に五パーセントの喜捨を課している。パキスタン、サウジアラビア、マレーシアは、喜捨が政府によって管理されている国であるが、コーランには喜捨が任意のものなのか、また強制によるものなのか、その規定はない。

現代イスラムの経済思想

これまで述べてきたように、現代のイスラム経済思想に特徴的なのは、第一に欧米の経済原理に対してイスラム経済の倫理的優位性を説く点である。第二の特徴は「リバーの禁止」で、利子をとらないイスラム銀行の形態を望むことである。また、利子の禁止と並んで、欧米の物質主義と結びつくとされる投機や浪費的な消費も禁じられている。これらは生産意欲を減退させ、価格の高騰をもたらし、さらに経済発展に必要な資金までをも奪うと考えられている。三番目は、イスラムの五行の一つである喜捨の重要性を認めることである。この喜捨は、今日のイスラム経済では任意の税と考えられている。現代のイスラム経済思想家たちによれば、喜捨は伝統的にモスクによって管理され、ムスリムの社会福祉に役立てられてきたが、ヨーロッパの植民地主義がイスラム世界に進出して以降、非宗教的な世俗的政府は非効率的で、官僚的かつ人々の役に立たない福祉制度を確立してしまった。

現代のイスラム経済理論に共通するのは、その原理をコーランに求めることであり、一様に財産は神に属す一方、完全な平等は必要がないと考えている。イスラム世界では目下のところ、欧米の近代経済学の研究の方が優位であるが、イスラム経済の考えは、イスラム銀行やイスラム政治運動、またダワ（本来は神への呼びかけを意味するが、イスラムの宣布行為）の経済活動に思想的背景を提供するようになり、また政治・社会・経済の分野でイスラム主義の考えが台頭するにつれて、その研究や考察はさらに活発になるに違いない。

経済的平等主義を唱えるイスラム

預言者ムハンマドは、部族意識を越えるために平等を説いた。経済的には、イスラムでは富の源泉と生産手段はウンマ（イスラム共同体）の利益のために用いられねばならないとされる。ウンマの安寧は、個人の自由をある程度制限することにもなる。イスラム国家の義務とは、個人の必要の程度や限度を明らかにすることでもある。イスラムは平等主義に訴える宗教であるが、ある程度の富の偏在を認めている。そのためにイスラムでは、喜捨であるザカート、また任意の寄付であるサダカ、またモスク、学校、病院などを建設・運営するために宗教的寄進財産（ワフク）を制度化した。

イスラムでは企業活動や私的財産の保有を是認するが、同時にそれは社会正義と普遍的善との整合性がなければならないとされている。また、イスラム世界では、人権と経済的権利を分かつことができないと見られ、経済的権利の実現は人権擁護の重要な部分と考えられている。国際的な経済秩序が不均等な中、イスラム地域の貧困層の間では、社会正義の実現が不可能だとも考えられ、それがイスラム原理組織への支持につながっている。

合法的に獲得して、有益に費やす個人の財産は、その保護がイスラムでは求められている。ただし、財産の保護のために暴利、不正な商行為、専有、契約の強制、また虚偽の宣伝などの行為は禁じられ、財産は窃盗、強盗に対する厳格な刑罰によって保護されている。窃盗に対しては、もともとのイスラムの刑法では手首の切断刑が適用され、また強盗には死刑を含む厳格な罰が与えられる。

こうしたイスラムの経済観は、イスラムの宗教的原理に基づくことはいうまでもない。したがって、ムスリムとの経済交流を行う場合は、イスラムの教義に敬意を示し、人類の普遍的な価値でもあるが、誠実なビジネスを行ったり、イスラム世界の弱者を考慮してその救済を考慮したりすれば、ビジネスも円滑にいくことだろう。また、交渉において当初は大きく要求をふっかける場合があるかもしれないが、イスラム世界のバザールやスークなど市場で行われるように、粘り強い交渉とビジネス相手の顔を立てることも必要かもしれない。イスラム世界の人々はメンツを重んじる傾向があるからだ。

以上の通り、本来、イスラムの経済観には、イスラムそのものの「公平」「平等」といった概念に裏打ちされたものがあるが、そうした原理とは相容れない過度な利潤や富の追求を背景に、イスラムでは保護することが義務づけられている女性、子供、老人という弱者を犠牲にする紛争が発生していることを、あらかじめ知っておいたほうがいいだろう。

ビジネスの具体例としては、イスラムについてより実践的に知るために、次項以降、「ハラール」を取り上げたい。ムスリムに対する「おもてなし」を考えるためには、ムスリム向けのハラール料理に関する知識は欠かせない。日本でハラール対応をすることは、イスラムの人々の日本や日本人に対するいっそうのイメージアップにもつながるし、人口が増加するイスラム世界へのハラール食品の輸出は日本の成長戦略としても重要になると考えるからだ。

近年、このハラールについては日本のきめ細かな発想やサービスが生まれつつあるようなので、参考にしていただければと思う。

年々注目が高まるハラール料理

ハラールとは「イスラムで許されたもの」を意味し、豚やアルコールの成分が入っていない料理をハラールという。二〇一三年九月にアルジェリアを訪れた際には、お菓子のプラスチックの個包装の小さな袋にも「ハラール」が認証されたマークが印刷されていた。「ハラール」の反意語が「ハラーム（禁止されたもの）」ということになるが、「ハラール」認証があると、ムスリムたちは安心して食事ができる。ムスリムにとって「ハラール料理」とは、健康によくて、安全で、清潔ということも意味する。

アフガニスタンやパキスタンなどイスラムの保守性の強い国からシンポジウムのゲストを招くと、実にハラールにこだわる人たちがいる。二〇一一年にアフガン人とパキスタン人を国際交流基金の助成で招請した際、ホテルから歩いて五分ほどのところにハラールのインド料理店があった。毎回、ハラールじゃなければダメというので、朝食以外はハラール料理になり、食事に付き合うたびにこちらも自分がイスラム教徒になったような思いをした。

同行したアフガニスタン人の女性たちは「日本の寿司が食べたい」と言っていたが、一番年長のシンポジウム参加者が「ダメ」と言うと、それに従わざるをえなくなった。近年になって、東京にはハラールを売りにするレストランも少なからず現れてきたが、それでも移動するとなると大変で、地下鉄を使っても場所によっては面倒なケースが多々ある。

豚肉を使わない寿司は一見ハラールのように思われるが、醬油の成分の中にアルコールが入っていればアウトだ。おそらくそういうことは一般のムスリムたちは意識しないのだろうが、最近はハラール醬油まで登場した。

東京はまだハラール料理のレストランが多いほうだが、京都にムスリムの研究者と同行した時はたいへんだった。ハラール料理の店は京都一の繁華街である木屋町周辺に集中している。シンポジウムの合間、清水寺や京都御所などの観光に同行する日曜日はまだしも、研究会やシンポジウムのある平日の昼食に木屋町まで行かざるをえなかったのは、効率が悪かった。二〇一三年一二月に開催したシンポジウムの参加者は、イラク人、インド人、パキスタン人が各一人ずつだったが、パキスタン人の研究者はやはりハラールにこだわり、夜は二晩連続してモロッコ料理、トルコ料理を食べることになった。

「京都の名物料理は豆腐だから」と言って昼食は湯豆腐など和食にしたのだが、パキスタン人研究者が箸をつけることはなかった（湯豆腐にも醬油を使わざるをえないため）。

京都のホテルの和食レストランなどでもハラール認証を受けるところがぼつぼつ現れていて、このハラール認証はいまやビッグビジネスになりつつある。東京でもモスクがたとえば一件につき五〇〇〇円とかでハラール認証を行うようになった。マレーシアやインドネシア、アラブ諸国から日本にやってくるムスリムたちが増えるにつれて、日本でも今後、ハラールをいっそう意識せざるをえなくなるだろう。二〇二〇年には東京でオリンピックが開催される。一九六四年の時は、アラブ・イスラム諸国の参加が一〇ヵ国にも満たなかったが、二〇二〇年はそれよりずっと多いイスラム諸国の選手たちがやって来る。イスラム世界では総じてイスラム復興の潮流が顕著で、参加する選手たちにもハラールを意識する人が多いだろう。日本にやって来るムスリムたちへのおもてなしを考える上でも、ハラール認証を受けた料理や食品を選手村などで提供する必要がある。

日本政府観光局の二〇一三年一～六月の推計では、インドネシアから前年同期より五割増の六万五二〇〇人、マレーシアから一六・五パーセント増の七万人強が日本を訪れた。これからビザの要件の緩和やLCCの普及で東南アジアのムスリムたちの増加が見込まれる。ファストフード・チェーンや食品企業には一考の余地があるだろう。なにしろ、ハラール認証さえクリアすれば、世界のイスラム教人口約一八億人、二兆一〇〇〇億ドル（二五二兆円）、食品だけでも五八〇〇億ドル（六九兆六〇〇〇億円）とも言われる巨大市場なのだから。

自治体や企業による取り組み

二〇一四年六月、栃木県大田原市でイスラムに関する基本的な情報を伝える講演をした。大田原市は畜産業が盛んな土地柄で、市長も市議会議員たちもハラールについて大きな関心をもっているようだった。

他の自治体でもハラールに対する意識が高まっていて、山梨県のやまなし観光推進機構は二〇一三年五月、富士河口湖町で東南アジア諸国の観光客を誘致するためにハラールに関する講習会を開いている。講習会では、でんぷんを使用していない麵、肉の代わりに雑穀を使ったコロッケやスープ、アルコールや肉エキスが含まれていない調味料などが紹介された。

一方、二〇一〇年からインドネシアに再進出した牛丼チェーンの吉野家は、牛肉はアメリカから仕入れるものの、たれは日本から調達する。ムスリムが国民の大多数を占めるインドネシアの事情を考慮して、たれはインドネシア向けの生産ラインを別に設け、ハラール認証を得た。

同じく牛丼チェーンの「すき家」は、二〇一二年一一月、クアラルンプール郊外のショッピング・モールに「すき家」の一号店と二号店を開業した。マレーシアの「すき家」は、ハラール肉を使用している。牛丼はラーメンよりもハラール認証を受けやすい。実際、インドネシアに進出したラーメン店の「山頭火」は、あえてとんこつベースのスープを売りにしていた。インドネシアのモスバーガーも、牛肉のパティのみで、日本で売られるような牛肉と豚肉の合い挽きを使用したものはない。

ホテルグランヴィア京都のカフェレストラン「ル・タン」は二〇一三年六月、西日本のホテルでは初めてとなるハラール認証を取得した。また、客室では礼拝用にメッカの方向を示す方位表やマットなどを貸し出すようになった。

日本でハラール認証を受けるようになったのは、レストランやホテルなど宿泊施設だけではない。キユーピーは、二〇一〇年にマレーシア・マラッカのハラール・パークに工場を進出させ、マヨネーズなどをハラール商品として製造するようになった。このハラール・パークには、ハラールの原材料が容易に調達できるという利点があり、ハラール認証を得たマヨネーズは、二〇一五年六月から日本でもイスラム圏から来た観光客用に販売されるようになった。大正製薬もリポビタンなどの栄養ドリンクをマレーシアでは「LIVITA」という名称で、二〇〇四年にハラール認証を受けて販売している。またヤクルトも、香料をハラールのものに変えて、二〇〇四年にマレーシアでハラール認証を受けた。

イスラムで推奨される食べ物

食事に関するイスラムのルールによって、ムスリムは常に神の意思や教えを知ることになる。コーランは、信徒たちに正当で、良き野菜や動物を食べることをすすめている。口にする価値のある野菜とは、ナツメヤシの実、ブドウ、オリーブ、ザクロ、穀物で（コーラン第六章九九節、第六章一四一節、第八〇章二五～三二節）、ムスリムが食べるのに好ましい肉とは、牛、羊、ヤギ、ラクダである。いずれも暑い気候に負けないスタミナいっぱいの食べ物ばかりだ。腐肉や豚、噴き出た血にまみれた肉は食べることを禁じられている。

健康こそは人の幸せの最も基本にあるものだろう。イスラム誕生以前のアラブの遊牧民たちは質素な生活を送り、またさほど栄養価の高いものを食べないことで病気にならないで済んでいた。イスラムの生誕間もない時期にエジプトのクリスチャンであるコプト教徒の支配者がエジプト人の医師を預言者ムハンマドに貢いだとされている。イスラムの預言者ムハンマドは「私たちは空腹の時だけ食事を行い、食べる時は過度にならない」と語り、その医師をエジプトに送り返したと伝えられている。

ちなみに、レバノン料理は地中海料理の要素を取り入れた通称「アラブの美容食」。レバノンはレモンの国民一人あたりの消費量がなんと世界一。それだけに、ほとんどの料理にレモンの汁がふんだんに使用されているという究極のヘルシー料理だ（『よくわかる「今のイスラム」』集英社、二〇〇一年）。

さらに食べてもよいとされる肉でも、その殺し方が決められている。イスラムでは絞殺されたものや殴り殺された動物の肉を食べてはならないとしている。これらの方法で殺された肉は血が体内で固まり、悪臭を撒き散らし、病気をもたらすと考えられているからだ。さらに死肉や墜落死した鳥の肉、他の動物が食べ残した肉も食べてはならない。

日本で暮らすムスリムが肉を食べるのが困難だという理由はここにある。日本ではほとんどの肉が扼殺《やくさつ》や電気ショックによって処理されているからだ。また、アッラーの名を唱えずに処理された肉を食べることは出来ない。それゆえ、ハラール肉の重要性は高まり、市場として期待できる。

イスラム世界では、医学はイスラムの誕生以前はそれほど進んでいなかった。アラブの遊牧民たちは定住することなく、砂漠に囲まれた環境のなかで医学に関心をもつことはなかった。アラブの遊牧民たちはメッカやメディナ、そしてタイーフなどの町に住んでいたが、彼らの外界との接触は隊商に限られていた。隊商は、メッカから一年おきに北はシリア、また南はイエメンに移動していた。当時の医術は、植物、木の葉、動物の骨、香辛料、芳香などからつくる自然の生薬による治療だった。

そしてオリーブはアラブなど地中海世界の人々の健康にとって欠かせない植物であり続けている。オリーブ油には①肌の老化を抑える②ダイエット効果③栄養が豊富という特徴がある。地中海世界に行くと、オリーブの林をよく目にするのは需要が非常に高いからだ。

豚肉を厳に禁ずるイスラム

イスラムでは豚肉は食べてはならないとされている。食物に関する教えはコーランの中にいくつかある。

第二章一七二節から一七三節には「信仰する者よ、われがあなたがたに与えたよいものを食べなさい。そしてアッラーに感謝しなさい。もしあなたが本当に彼に仕えるものであるならば。かれがあなたに、(食べることを)禁じられたるものは、死肉、血、豚肉、およびアッラー以外(の名)で供えられたものである。だが故意に違反せず、また法を越えず必要に迫られた場合は罪にならない。アッラーは寛容にして慈悲深い方であられる」とある。

また、第五章三節には、「あなたがたに禁じられたものは、死肉、(流れる)血、豚肉、アッラー以外の名を唱え(殺され)たもの、絞め殺されたもの、打ち殺されたもの、墜死したもの、角《つの》で突き殺されたもの、野獣が食い残したもの、（ただしこの種のものでも）あなたがたがそのトドメを刺したものは別である」とある。

豚肉がなぜいけないかについては、ムスリムの間では不健康・不衛生な動物であると信じられたことが大きいという。豚は何でも食べるというのもその理由である。アフガニスタン人のジャーナリストにどうして豚を食べないのかと尋ねると、これは宗教の教えだからということだった。彼の隣にいた女性ジャーナリストも大きくうなずいていた。

以前、エジプトのカイロに駐在していた日本人のジャーナリストから聞いたのだが、エジプトのコプト教徒たちは豚の飼育や売買を行っているし、もちろん食べもする。しかし、その豚たちがゴミの中の残飯や、水銀が入った体温計まで吸い込むように食べていたのを見て閉口したそうだ。確かにそこまでとなると、健康にはよくないだろう。

食に関するイスラム教徒たちの宗教上の遵守の在り方も、人それぞれだ。イランで会った、日本で働いたことがあるイラン人の男性は日本ではチャーシューメンが好きだったと語っていた。もちろん、イラン＝「イスラム共和国」は政治・社会においてイスラム性が強制されている国で、国内では豚肉は売られていないし、食べられない。イランのテヘランなどにある中華料理のレストランも豚肉はいっさい使わず、もっぱら鶏肉や羊肉、牛肉ばかりだ。

飲酒の厳禁

七世紀にイスラム教が成立すると、アラブの慣習は次第にイスラム的基準に変わっていった。たとえばイスラムでは、もともとアラブの慣習であった幼児の「間引き（特に女子）」、また貧民への搾取、高利貸、殺人、虚偽の契約、私通、窃盗が禁じられた。他方、飲酒とギャンブルは、明確に禁じられたわけではなかったが、時間が経過するにつれて啓示は飲酒を戒めるようになっていった。

最初は忠告の形で行われた。「両者は大罪であるが、人間のために多少の益もある。だがその罪は、益よりも大である」（コーラン第二章二一九節）。それからムスリムは飲酒をしながらの礼拝を禁じられた（第四章四三節）。「悪魔の目的は、アルコール飲料とギャンブルによって汝らの間に敵意と憎しみを撒き散らす計画であるぞ。悪魔は、神や礼拝のことを忘れさせる。それでも汝らはアルコールとギャンブルを控えないのか」（第五章九一節）。

イスラム法では、ムスリムが飲酒を行えば、肉体的な刑罰が下り、四〇回から八〇回のむち打ちの刑が下されることになっている。

この飲酒についても、実は、イスラム諸国の国や地域によって相違や多様性がある。サウジアラビアでは、飲酒は厳格に禁じられている。イランではイスラム革命後のホメイニをはじめとする聖職者主導の宗教勢力の権力掌握過程で、飲酒やギャンブル、麻薬の使用が禁じられた。しかし、イランの場合、国内にいるクリスチャンのアルメニア人については、酒造や飲酒が許されている。日本にいるイラン人から「一緒に飲みましょう」と飲み屋に誘われ、彼がやけに酒に強かったことも強烈に記憶しているし、ヨルダン、シリアやレバノンでは、アラクという水を入れると白濁する強い酒も頻繁に飲まれている。

歴史的に見ても飲酒は、王宮や旅籠《はたご》などで嗜《たしな》まれてきた。イスラムの神秘主義者の中には、イランの詩人ルーミー（一二七三年没）のように飲酒をほめたたえ、酒は神の超絶性を体験できる手段と考えた者もいた。また、オスマン帝国のジャニッサリーの間で有力であったベクタシー教団は、ワインを聖餐《せいさん》の目的で使用した（イスラムの法学者たちは、このような慣習を放棄させようとしたが、成功しなかった）。

酒と同様、神経を刺激する作用がある大麻やアヘンなどの麻薬は、イスラム世界でも一部で使用されるようになったが、コーランやハディースの中では明確には禁じられなかった。しかし、麻薬について反対するイスラムの法学者たちは、ハディースの中の「人を酔わせるものはすべてナツメヤシからつくられるワインである。すべてのナツメヤシ・ワインは不当である」という句を引用し、ムスリムによる麻薬の使用を禁じることを説いている。

現代のイスラム世界では、アルコール飲料と麻薬をシャリーアの適用によって厳格に禁じる動きがある。これは国内で生活する外国人にも適用するものである。たとえば、サウジアラビアは、一九二九年にムスリムに対してアルコール飲料と麻薬を禁じたが、一九五二年には国内で暮らす外国人に対しても飲酒を禁じるようになった。イランでも禁酒は法律で定められているし、パキスタンやイエメンのように、海外からの酒のもち込みを禁ずる国もある。麻薬はいうまでもなく、例外なく法律で禁じられているが、イスラムの国であるアフガニスタンが麻薬の原料となるケシの世界最大の生産国となっていることは、第二章で伝えた通りだ。

講談社現代新書　2326

石油《せきゆ》・武器《ぶき》・麻薬《まやく》――中東《ちゅうとう》紛争《ふんそう》の正体《しょうたい》

二〇一五年一二月二〇日第一刷発行

著者　宮田《みやた》　律《おさむ》　

発行者　鈴木　哲

発行所　株式会社講談社

東京都文京区音羽二丁目一二―二一　郵便番号一一二―八〇〇一

電話　〇三―五三九五―三五二一　編集（現代新書）

〇三―五三九五―四四一五　販売

〇三―五三九五―三六一五　業務

装幀者　中島英樹

印刷所　大日本印刷株式会社

製本所　株式会社大進堂

定価はカバーに表示してあります　Printed in Japan

N.D.C.310　252p　18cm

ISBN978-4-06-288326-9

「講談社現代新書」の刊行にあたって

教養は万人が身をもって養い創造すべきものであって、一部の専門家の占有物として、ただ一方的に人々の手もとに配布され伝達されうるものではありません。

しかし、不幸にしてわが国の現状では、教養の重要な養いとなるべき書物は、ほとんど講壇からの天下りや単なる解説に終始し、知識技術を真剣に希求する青少年・学生・一般民衆の根本的な疑問や興味は、けっして十分に答えられ、解きほぐされ、手引きされることがありません。万人の内奥から発した真正の教養への芽ばえが、こうして放置され、むなしく滅びさる運命にゆだねられているのです。

このことは、中・高校だけで教育をおわる人々の成長をはばんでいるだけでなく、大学に進んだり、インテリと目されたりする人々の精神力の健康さえもむしばみ、わが国の文化の実質をまことに脆弱なものにしています。単なる博識以上の根強い思索力・判断力、および確かな技術にささえられた教養を必要とする日本の将来にとって、これは真剣に憂慮されなければならない事態であるといわなければなりません。

わたしたちの「講談社現代新書」は、この事態の克服を意図して計画されたものです。これによってわたしたちは、講壇からの天下りでもなく、単なる解説書でもない、もっぱら万人の魂に生ずる初発的かつ根本的な問題をとらえ、掘り起こし、手引きし、しかも最新の知識への展望を万人に確立させる書物を、新しく世の中に送り出したいと念願しています。

わたしたちは、創業以来民衆を対象とする啓蒙の仕事に専心してきた講談社にとって、これこそもっともふさわしい課題であり、伝統ある出版社としての義務でもあると考えているのです。

一九六四年四月　野間省一

世界史Ⅰ